„As uns' Hergott de Welt erschaffen ded,
fung hei bi Meckelnborg an ...
un schön is't in'n ganzen worden ...
Fritz Reuter

Stolz und Herrlichkeit

Die 100 schönsten Kirchen
und Klöster an Mecklenburgs Küste

Marcus Stöcklin

L&H VERLAG

DANKE

Falkenløwe 193
Fremdenverkehrsverein Güstrow 195
Kurhaus am Inselsee 197
Tourismusverband Mecklenburg-Vorpommern 189

Ein besonderer Dank geht an Dr. Hans-Hermann Damman aus Hamburg, der Marcus Stöcklin als Autor mit vielen fachkundigen Ratschlägen, Hinweisen und Literatur unterstützte.

Autor und Verlag danken Dr. Dieter Pocher für die fachkundige Begleitung, die engagierte Unterstützung und die kulturhistorische Einführung.

„Danke" sagen Autor und Verlag auch den vielen engagierten Pastoren und Kirchenmitarbeitern, die uns mit Details und Fakten unterstützt haben.

INHALT

Stolz und herrlich bis würdevoll 8
Kulturhistorische Einführung Dieter Pocher, Güstrow 10

Rostock
St. Marienkirche 28
St. Jakobikirche 35
St. Petrikirche 37
St. Nikolaikirche 39
St. Michaeliskirche 42
Universitätskirche 44
St. Katharinenstift 46
Heiligen-Geist-Kirche 47
St. Johanniskirche 48
Christuskirche 49
Gehlsdorf 51
Schmarl 52
Biestow 53
Lichtenhagen 55
Toitenwinkel 56
Bentwisch 57
Warnemünde 58

Zwischen Rostock und Schwaan
Kessin 61
Autobahnkirche Kavelstorf 62
Hohen Luckow 63
Buchholz 64
Schwaan St. Paulskirche 66

Zwischen Bad Doberan und Rerik
Bad Doberan 69
Heiligendamm Katholische Kapelle 78
Heiligendamm Evangelische Kapelle 79
Kühlungsborn 80
Rerik 82

Zwischen Rostock und Satow
Rethwisch 86
Steffenshagen 87
Retschow 89
Heiligenhagen 90
Hanstorf 92
Stäbelow 93

Parkentin 94
Ruine Satow 96

Zwischen Rostock und Marlow

Rövershagen 98
Volkenshagen 99
Marlow 100
Kloster Wulfshagen 101
Blankenhagen 102
Dänschenburg 104

Zwischen Ribnitz und Wustrow

Graal-Müritz 107
Dierhagen 108
Wustrow 109
Ribnitz St. Marienkirche 110
Ribnitz Ehemaliges Klarissenkloster 111

Zwischen Sanitz, Bad Sülze und Gnoien

Sanitz 114
Thulendorf 115
Tessin 116
Zarnewanz 117
Thelkow 118
Vilz 119
Cammin 120
Petschow 122
Weitendorf 123
Basse 124
Walkendorf 126
Dettmannsdorf-Kölzow 127
Bad Sülze 128
Behren-Lübchin 129
Gnoien 130

Zwischen Kröpelin, Neukloster, Poel und Wismar

Neubukow 132
Kröpelin 133
Biendorf 134
Westenbrügge 135
Passee 136
Neuburg 137
Kirch Mulsow 139
Dreveskirchen 140

Alt Bukow 142
Kirchdorf auf Poel 143
Neukloster 145
Bäbelin 148
Hornstorf 149
Goldebee 150
Lübow 151
Zurow 152

Wismar

Heiligen Geist Kirche 154
St. Marienkirche 156
Neue Kirche 157
St. Nikolaikirche 158
St. Georgenkirche 161

Westlich von Wismar

Dorf Mecklenburg 165
Gressow 166
Friedrichshagen 167
Proseken 169
Hohenkirchen 172

Zwischen Grevesmühlen, Klütz und Dassow

Bössow 174
Damshagen 175
Kalkhorst 176
Elmenhorst 178
Klütz 179
Boltenhagen 180
Grevesmühlen 181
Dassow 182
Schönberg 183
Roggenstorf 184
Kirch Mummendorf 185
Börzow 186
Lübsee 187

Service 188
Glossar 192
Literatur 198
Register 200
Autoren 204
Impressum 205

STOLZ UND HERRLICH BIS WÜRDEVOLL

Mecklenburg ist reich an mittelalterlichen Kirchen. Gerade auf dem Land scheint in manchen die Zeit stehen geblieben zu sein. Wer sie betritt, durchschreitet „ein Zeitfenster" und wird einige Jahrhunderte zurück versetzt. Die Vergangenheit ist dort lebendig geblieben. Wie war das möglich?

Zunächst durch die Schaffung einer bemerkenswerten Bausubstanz. Die meisten Kirchen Mecklenburgs stammen aus dem 13. und 14. Jahrhundert. Damals war Mecklenburg reich. Ein regelrechter Bauboom hatte eingesetzt, bedingt durch den Wohlstand, den der zu Zeiten der Hanse florierende Handel und der damit verbundene Verkehr den Orten nahe der Ostsee einbrachte. Selbst auf dem Land entstanden stattliche Dorfkirchen. Ab etwa 1300 orientierten sich die Baumeister vielfach am Vorbild der soeben fertig gestellten und überaus prächtigen Lübecker Marienkirche. Der ursprüngliche Bautypus der quadratischen Dorfkirche ohne Turm wurde abgelöst durch mehrschiffige Hallenkirchen, auf die manch größere Stadt noch heute stolz wäre. So in Klütz, Kalkhorst, Rerik, Parkentin, Lichtenhagen oder Steffenshagen. In Marlow, Basse, Rethwisch und Toitenwinkel entstanden sogar ländliche Basiliken – Höhepunkte der mecklenburgischen Gotik.

Schlichtere Gotteshäuser aus älterer Zeit wurden dem Vorbild der gotischen Kathedralen entsprechend im 14. Jahrhundert umgestaltet. Darunter bedeutende Ordenskirchen wie in Bad Doberan. Auch in den Hansestädten Rostock und Wismar wuchsen die großen Kirchen zu ihrer heutigen Gestalt. Fort von den erdverwachsenen, wuchtigen Formen der Romanik, empor in schlanke Höhe – himmelsstürmender und gewaltiger als zuvor. Innen verschwenderisch ausgestattet mit goldglänzenden Altären und wertvoller Schnitzarbeit.

Dass so viele Zeugnisse mittelalterlicher Baukunst noch immer erhalten sind, hängt zum einen mit der späteren Armut des Landes zusammen, das nach dem 30-jährigen Krieg nahezu entvölkert war. So kam es in der Zeit danach meist nur zu Ergänzungen der Innenausstattung. Es wurden aber kaum Kirchen abgerissen und neu erbaut. Zum anderen gab es in Mecklenburg zur Reformationszeit vergleichsweise wenig Bilderstürmer. Zwar vernichteten in Ribnitz „die vermaledeiten Martiner" 1525 etliche Bilder der Klosterkirche und auch andernorts verschwanden wundertätige Mariendarstellungen. Dennoch blieben Triumphkreuze und Altäre weitgehend erhalten. In der Barockzeit schließlich wurden mehrere Kirchen zumindest teilweise neu ausgestattet. Erst im 19. Jahrhundert aber setzte auch baulich eine regelrechte Modernisierungswelle ein, in der sich besonders der Schwerinsche Hofbaurat Gotthilf Ludwig Möckel hervortat. Gewiss musste etwas zur Erhaltung baufälliger Gotteshäuser getan werden, dennoch ging bei der Neugestaltung viel verloren – aus heutiger Sicht bedauerlich.

Im Zweiten Weltkrieg brannten in den Hansestädten fast alle großen Kirchen aus. Nicht aber auf dem Land. Und selbst nach dem Krieg und zu DDR-Zeiten war es für die Kirchgemeinden zwar schwer, geeignetes Baumaterial für die Erhaltung der Kirchen zu bekommen, ihr Innenleben jedoch blieb weitgehend unangetastet. Einzelnen Männern, engagierten Pastoren, die teils selbst die Maurerkelle schwangen, aber auch Gemeindemitgliedern ist es zu verdanken, dass die Bausubstanz erhalten blieb. Als „Kirchenvater" Mecklenburgs gilt der Rostocker Restaurator Lothar Mannewitz, der seit den 50er-Jahren über 200 Kirchen einfühlsam restaurierte. Nicht nur als Bewahrer, sondern auch als Entdecker: Unter jahrhunderte alten Putzschichten legte er immer wieder zauberhafte mittelalterliche Wandmalereien frei.

Trotz alle Bemühungen Einzelner waren nach der Wende rund zwei Drittel der Dorfkirchen im Land stark vom Verfall bedroht. Inzwischen ist einiges überstanden, ein Teil gerettet. Es bleibt aber weiterhin noch sehr viel zu tun, gerade bei den Dorfkirchen.

Bekannt aber sind diese eindrucksvollen Zeugnisse der Kulturgeschichte und des Glaubens bis heute den Wenigsten. Wie die meisten evangelischen Gotteshäuser sind auch die mecklenburgischen Kirchen in der Regel verschlossen. Nur in Badeorten, wo der Andrang der Touristen besonders groß ist, ist das inzwischen anders.

Vielleicht kann dieses Buch dazu beitragen, Mecklenburgs Kirchen und ihre Schätze bekannter zu machen und sie einem größeren Kreis von Interessierten zu erschließen.

Übrigens: Die beschriebenen Kirchen liegen auf dem Gebiet der Mecklenburgischen Evangelischen Kirche. Die Zuordnung als „mecklenburgisch" bezieht sich hierauf, nicht auf die Grenzen der Landesteile Mecklenburg und Vorpommern.

Marcus Stöcklin
Rostock 2005

KULTURHISTORISCHE EINFÜHRUNG

Dieter Pocher, Güstrow

Sakrale Vielfalt

Zugegeben, die Architekturfamilie der Sakralbauten entlang der mecklenburgischen Ostseeküste – also zwischen Pötenitzer Wiek und Wustrow – zeigt sich vielgestaltig. Stolz und herrlich, so wetteifern die kathedralen Großbauten in Rostock und Wismar miteinander – würdevoll nimmt sich aber selbst noch die kleinste Dorfkirche aus. In großartiger Ausgewogenheit lagert das hochgotische Doberaner Münster, das im Backsteingebiet zu den schönsten sakralen Bauwerken dieser Art zählt. Wehrhaft wirkt dagegen die klobig anmutende Kavelstorfer Kirche. Und die spröde Architektursprache der Ribnitzer Klosterkirche, welche gestalterische Absicht mag sich dahinter verbergen? Nicht zuletzt sind es auch die Bauten des 19. und 20. Jahrhunderts, die – historisierend oder betont sachlich – aus der Architekturfamilie sakraler Bauwerke in dieser Region nicht fortzudenken sind. Bei aller Vielfalt handelt es sich nicht um ein bloßes Nebeneinander stilistisch heterogener, durch ganz unterschiedliche Architekturauffassungen geprägte Bauwerke, sondern um eine Gemeinschaft von Gotteshäusern. Wie diese Baugruppe im Einzelnen auch immer zustande gekommen sein mag, in Symbiose mit den oft kostbaren Raumausstattungen bleiben die Sakralbauten gestaltgewordenes Glaubenszeugnis, Stätte lebendiger christlicher Botschaft, sind sie entstanden zur Ehre Gottes!

Slawen und Deutsche

Im Mecklenburgischen setzte der Kirchenbau erst im hohen Mittelalter ein, mit dem Hineinwachsen vormals slawischer Siedlungsgebiete in das Reich der Deutschen. Dieser frühe Abschnitt der Landesgeschichte sollte innerhalb unserer Betrachtung nicht unberücksichtigt bleiben. Wie sich erkennen lässt, haben durchaus verschiedene Herrschaftsträger den Landesausbau betrieben und als Initiatoren von Kirchenbauten und Stifter sakraler Kunstwerke eine Rolle gespielt. Die Landesherren und kirchlichen Institutionen, der landsässige Adel und die aufblühenden Städte leisteten gewichtige Beiträge.

Nach einem dritten, diesmal erfolgreichen Anlauf im 12. Jahrhundert erlagen die heidnischen Stammesverbände der Einkreisung durch ihre machtpolitisch miteinander konkurrierenden Anrainer. Das Jahr 1160 – in einem erbitterten Kampf fiel der Obotritenfürst Niklot vor seiner Burg Werle – markiert eine der Schlussszenen des slawischen Widerstandes. Den Sieg in jenem Ringen trug Heinrich der Löwe (regierte 1139 – 1180) davon. Er teilte das eroberte Gebiet auf. Zur Verwaltung setzte er sächsische Gefolgsleute ein und schuf als deren Zentrale die Grafschaft Schwerin. 1160 gründete der Welfenherzog bei der Burg Schwerin eine Stadt gleichen Namens – die erste des Landes –, in die er dann auch den Bistumssitz verlegte. Die weitere politische Konstellation brachte es mit sich, dass der Welfe 1167 den Niklotsohn Pribislaw (regierte 1160 – 1178) mit einem Großteil des väterlichen Herrschaftsbereiches belehnte. Dieser Akt, zudem sein Übertritt zum Christentum und die Vermählung seines Erben Heinrich Borwin I. (regierte 1179 – 1227) mit einer Tochter des Löwen festigte die Existenz des von slawischen Dynasten abstammenden Fürstenhauses, das nach Erringen der landesherrlichen Macht in Mecklenburg bis 1918 regieren sollte. 1171 gründete Pribislaw zusammen mit dem Schweriner Bischof Berno (dortiges Pontifikat

1160 – 1191) in Althof – zerstört 1179 und 1186 an jetziger Stelle im nahen Doberan reaktiviert – ein Zisterzienserkloster, das von Mönchen aus dem niedersächsischen Amelungsborn besetzt worden ist. Als ein „Saint-Denis des mecklenburgischen Fürstenhauses" diente jene Neugründung noch bis 1920 als Grablege. Insofern verspricht ein Besuch der Doberaner Klosterkirche auch einen Gang durch die nach Jahrhunderten zählende Geschichte dieser Familie.

Nach dem spektakulären Sturz des Welfenherzogs erzwang der Dänenkönig die Lehnshoheit über die mecklenburgischen Lande, die aber 1227 im Zusammenhang mit der Schlacht von Bornhöved zusammenbrechen sollte. Dem im gleichem Jahr verstorbenen Heinrich Borwin I. folgten seine vier Enkel, was zur Landesteilung von 1229 führte. Zwar gelang es der sich nach der alten Stammburg Mecklenburg benennenden Linie des 1348 zu Herzögen erhobenen Fürstenhauses, die territoriale Zersplitterung zu überwinden und Erwerbungen wie die Grafschaft Schwerin (1358) und das Land Stargard (1292) dem Obotritengeschlecht auf Dauer zu sichern. Aber immer wieder auftretende finanzielle Schwierigkeiten infolge von neuerlichen Erbstreitigkeiten und riskanten politischen Abenteuern schwächten die fürstliche Landeshoheit. Seit Ende des 16. Jahrhunderts vermochten die mecklenburgischen Landesherren nicht mehr aktiv mitgestaltend in die Reichspolitik einzugreifen.

Machtpolitik und Landnahme

Schon zum Zeitpunkt der ersten großen Landesteilung wird erkennbar, dass die Landesfürsten nicht die einzigen Herrschaftsträger im damaligen Mecklenburg gewesen sind. Neben den vier Teilherrschaften Mecklenburg, Rostock, Werle und Parchim sowie der Grafschaft Schwerin entwickelten sich die Landesherrschaften der Bistümer Ratzeburg (um Schönberg) und Schwerin (um Bützow und Warin). Zudem mehrten sich im Verlauf des 13. Jahrhunderts Städtegründungen, wird die Position des ländlichen Adels fassbar. Die Entstehung ständischer Vertretungen scheint damals ihren Anfang genommen zu haben. Ähnlich wie in anderen Territorien auch, boten Finanzprobleme und landesherrliche Steuerforderungen, Vormundschaftsregierungen und Erbfolgestreitigkeiten Ansatzpunkte genug für das Aufkommen dieser aus Vertretern von Geistlichkeit (Prälaten), Landadel und führenden Städten bestehenden Korporation. 1523 schlossen sie sich vor dem Hintergrund einer drohenden Landesteilung zur Landständischen Union zusammen. Dieser Rechtsakt schuf wesentliche Voraussetzungen dafür, dass selbst nach den späteren Landesteilungen von 1621 und 1701 ein enger Zusammenhalt zwischen den beiden mecklenburgischen Herzogtümern bewahrt blieb.

Mit Zustimmung der Stände bekannte sich das Land 1549 zur evangelisch-lutherischen Lehre. Der Prälatenstand fiel seither fort, und die Ritterschaft entwickelte sich bis 1918 zur wichtigsten, die Politik der mecklenburgischen Landstände bestimmenden Gruppierung. Die permanenten Finanzprobleme des Fürstenhauses waren ohne eine Schuldenübernahme durch die Stände nicht zu lösen, freilich unter Preisgabe landesherrlicher Rechte. Auf diesem Wege wurden 1572 den Ständen die Klöster Dobbertin, Malchow und Ribnitz übertragen. Säkularisiert dienten diese Einrichtungen – ähnlich wie das Rostocker Heilig-Kreuz-Kloster – noch lange nach der schließlichen Aufhebung 1918/19 als evangelische Damenstifte.

Als Lehnsnehmer – alte Urkunden sprechen von Rittern und Knappen – unterstand der ländliche Adel, gleich ob deutscher oder slawischer Abstammung, dem Landesherrn. Jedoch spielte er neben diesem kaum eine Rolle, anders als im Altsiedelland. Dennoch darf die Position des Landadels nicht unterschätzt werden. Als fürstliche Vasallen spielten sie aufgrund der Zersplitterung des Landes in Teilherrschaften eine Rolle als landesherrlicher Beistand, traten zunehmend aber auch in Zusammenhang mit Verpfändungen und anderen Rechtshändeln als deren Konkurrenten in Erscheinung. Es fällt auf, dass sich seit dem 13. Jahrhundert bestimmte Adelsgeschlechter um die jeweiligen Teilherrschaften gruppiert und auf dieser Basis die Geschicke Mecklenburgs bis in die Neuzeit beeinflusst haben. So waren beispielsweise im Nordwesten vornehmlich die v. Bülow und v. Plessen, im Nordosten die v. Moltke, v. d. Lühe, v. Bassewitz und v. Preen ansässig. Vertreter dieser und anderer niederadliger Geschlechter traten als Lokatoren auf – Grundherren, denen die Ansiedlung der ins Land gerufenen deutschen Bauern in durch sie zu gründende Dörfer oblag. Als Patronatsherren blieben diese und andere Familien bis ins 20. Jahrhundert mit der Baugeschichte und Ausstattung von Dorfkirchen aufs Engste verbunden. In Basse, Rerik und Kalkhorst haben sich hierfür besonders prächtige Beispiele erhalten. Grabsteine und Epitaphien, die Wappen an Patronatsgestühlen, Altären und Kanzeln – überwiegend barock, aber auch im Renaissancestil – nehmen sich wie familiengeschichtliche Exkurse aus.

Die bäuerlichen Siedler führten neuartige landwirtschaftliche Methoden mit sich, an denen die slawische Bevölkerung partizipierte. Auch das mag zu deren baldiger Assimilation an die neuen Verhältnisse beigetragen haben. Als Teil des schwierigen Landesausbaus vollzog sich die Siedlungsbewegung im Ostseegebiet von West nach Ost. Die Konzentration der Hagenhufendörfer mit dem charakteristischen -hagen als Bestandteil des Ortsnamens auf den schweren, einst waldbestandenen Böden in Küstennähe erinnert bis heute daran. Ihre Blütezeit erlebte die bäuerliche Landwirtschaft im hohen und späten Mittelalter. Spätestens mit dem Dreißigjährigen Krieg kam sie zum Erliegen. Als steinerner Zeuge belegt gerade im Ostseeraum der erstaunliche Reichtum an ländlichen Sakralbauten den damals einsetzenden wirtschaftlichen Aufschwung und den durch ihn ermöglichten Kirchenbaubetrieb. Zumeist in ihrer ursprünglichen Form erhalten, stehen diese Bauten wie selbstverständlich eingebunden in die mecklenburgische Landschaft, gelten sie – die „Schönen im Lande" – zu Recht für die Region als etwas Typisches. Ohne übertreiben zu wollen: Dem Kundigen verraten ihre Bauformen manches von der archivalisch oft nur spärlich belegten frühen Geschichte.

Blütezeit der Städte

Der städtische Raum stellt einen weiteren Bereich dar, der recht deutlich die zeittypischen Veränderungen im damaligen Mecklenburg erkennen lässt. Abgesehen von der Welfengründung Schwerin, deren Bürger angesichts der politisch-dynastischen wie kirchlichen Einbindung eine Selbständigkeit nicht recht erlangen sollten, setzten in dem seit dem 13. Jahrhundert aufstrebenden Land zahlreiche Stadtgründungen ein – 29 allein in jenem Säkulum. Den Reigen eröffnete 1218 das rasch an Bedeutung gewinnende Rostock, gefolgt vom bald nicht minder gewichtigem Wismar (1226). Kröpelin wurde damals zur Stadt erhoben, und im Verlauf der nächsten 25 Jahre erfuhren Ribnitz, Gnoien, Neubukow,

Grevesmühlen und (Bad) Sülze Stadtrechtsverleihungen. Viel später erst (1938) wurden durch Eingemeindungen Orte wie Kühlungsborn, Rerik, Neukloster und Klütz zu Städten erhoben. Anzumerken bleibt, dass die Städtegründungen häufig an vorbestehende slawische Siedlungsbereiche angeknüpft haben, sodass – ähnlich wie im dörflichen Raum – urkundliche Ersterwähnung und Vorgeschichte eines Ortes nicht zusammenfallen müssen. Zudem zeigen die mecklenburgischen Städte eine auffällige innere Differenzierung. In ihrer Mehrzahl blieben sie wirtschaftlich und landespolitisch unbedeutende Ackerbürgerstädte, und selbst Ribnitz sollte sich trotz seiner günstigen Verkehrslage nicht über das Niveau einer bescheidenen Landstadt erheben. Die Rivalität von Rostock und Wismar ließ hier keinen weiteren Seehafen zu.

In ihrer Stellung blieben diese beiden Städte – neben Lübeck und Stralsund Kernstädte des Wendischen Quartiers der Hanse – im damaligen Mecklenburg unerreicht. 1419 gelang es Rostocker Bürgern mit landesherrlicher Hilfe in ihrer Kommune eine Universität zu gründen, die als „Leuchte des Nordens" bald überregionale Bedeutung erlangte. Namentlich Rostocks Autonomiebestrebungen – immerhin ging es ihr um die Reichsfreiheit – boten ausreichend Konfliktpotenzial mit der landesfürstlichen Hoheit. Erinnert sei nur an den eskalierenden Streit zwischen Stadt und Herzog anlässlich der Einweihung des Domstifts bei St. Jakobi, der 1488 schmerzlich für die Kommune enden sollte.

Das über Jahrhunderte stabile wirtschaftliche Fundament beider Hansestädte basierte auf dem Getreidegeschäft und dem Handel mit Bier und Malz, mit Salz aus Lüneburg (Wismar) nach Skandinavien und den Niederlanden. Ihre politische wie wirtschaftliche Macht, aber auch der Prozess sozialer Differenzierung innerhalb der Kommunen, zudem die baukünstlerischen Ambitionen der einzelnen städtebürgerlichen Gruppierungen – alles das sollte sich auch in den Stadtbildern manifestieren, die trotz schmerzlicher Kriegsverluste bis heute noch durch großartige Kirchenbauten unverkennbar akzentuiert sind. Ricarda Huch empfand die ehemals drei Wismarer Hauptkirchen „herausfordernd hingeworfen, wie um sich untereinander und alle Kirchen der Nachbarorte zu übertrumpfen". Und Walter Kempowski erlebte in Rostock noch, dass „das große Dach von St. Nikolai, die breitgelagerte Marienkirche und der schlanke Turm von St. Petri ... eine Art Burg (bildeten), von fern noch zusätzlich belebt durch den grünen, zweifach gekrönten Turm von St. Jacobi". Die Glanzzeit beider Städte schwand mit dem Niedergang der Hanse, kam nach dem Dreißigjährigen Krieg nahezu völlig zum Erliegen. Zudem fiel Wismar – zusammen mit den Ämtern Poel und Neukloster – 1648 an Schweden (bis 1803). Beide Kommunen partizipierten am wirtschaftlichen Aufschwung des 19. Jahrhunderts, nachhaltiger allerdings Rostock. Der damit verbundene Zuwachs der städtischen Bevölkerung schlug sich im Kirchenbaugeschehen nieder (Rostock, Heilig-Geist-Kirche), wie auch die Zuwanderung katholischer Christen seit Ende jenes Säkulums Bauvorhaben dieser Art förderten. So entstanden damals die Rostocker Christuskirche und etwas früher (1902) die St. Laurentiuskirche in Wismar.

Bistümer und Klöster

Wenn nun schließlich noch auf die kirchlichen Institutionen und ihre Rolle beim damaligen Landesausbau geschaut wird, so auch deshalb, um einen Übergang zum einstigen

Kirchenbaugeschehen zu finden. Zwar waren schon im 10./11. Jahrhundert in den nordwestslawischen Siedlungsgebieten Missionsbistümer entstanden, doch konnten die wenigstens nominell nie erloschenen Bistümer Ratzeburg, Oldenburg und Mecklenburg (1160 jeweils nach Lübeck bzw. Schwerin verlegt) erst unter dem mächtigen Schutz des welfischen Löwen, der sich hierbei sogar des königlichen Rechts der Investitur bediente, auf Dauer wiederhergestellt werden. So unterstand der Kernbereich Mecklenburgs – also auch die Region entlang der Ostseeküste – bis zur Reformation in kirchlicher Hinsicht dem Schweriner Bistum. Daneben bestanden aber Einflussgebiete anderer Sprengel: Ratzeburg im Westen, Lübeck auf der Insel Poel, Havelberg und Brandenburg im Süden, Kammin im Osten des Landes. Erster Bischof von Schwerin war besagter Zisterziensermönch Berno – der „Apostel der Obotriten" – mit dem die Missionierung Innermecklenburgs beginnen sollte. Dessen Nachfolger Brunward (Pontifikat 1192 – 1238) baute die Kirchenorganisation aus. Er schuf die Grundlagen für die reichsunmittelbare bischöfliche Landesherrschaft: das Stiftsland mit Bützow als Hauptresidenz seit 1239. Im Stiftsland Ratzeburg erlangte spätestens seit 1330 Schönberg den Rang einer bischöflichen Residenz, die immerhin 1375 Kaiser Karl IV. (regierte 1346 – 1378) als Gast in ihren Mauern sah! Später säkularisiert, fielen durch den Westfälischen Frieden (1648) beide Territorien den mecklenburgischen Herzögen als weltliches Fürstentum zu. Was hier den Anschein von Machtzuwachs suggerieren könnte, war lediglich Entschädigung für die Gebietsabtretungen an Schweden.

Mit dem Wirken von Bischof Berno ist zugleich die Bedeutung klösterlicher Orden für die frühe Landesgeschichte angesprochen. Für Mecklenburg ist es der Reformorden der Zisterzienser. Mit dem bereits erwähnten Althof/Doberan brach seit 1171 ein Reigen an, von dem hier lediglich an das 1219 eingerichtete Benediktinerinnen-, spätere Zisterzienserinnenkloster Sonnenkamp (Neukloster) und das 1270 folgende Zisterzienser-Nonnenkloster Zum Heiligen Kreuz in Rostock erinnert sei. Die Konvente in Doberan und Neukloster hatten die ausdrückliche landesherrliche Genehmigung zur Ansiedlung von Fremden. Zwar oblag die Umsetzung solcher Klostergründungen dem Landesherrn, bleibt aber ohne Mitwirkung der Schweriner Bischöfe nicht vorstellbar. Über erheblichen Grundbesitz verfügend, repräsentieren diese Niederlassungen straff organisierte Grundherrschaften, deren missionarische, kulturelle wie wirtschaftliche Leistungen beim Landesausbau keineswegs unterschätzt werden dürfen.

In der Folgezeit fanden in den größeren mecklenburgischen Städten die im 13. Jahrhundert entstandenen Bettelorden – Franziskaner und Dominikaner – regen Zulauf (Rostock 1243 bzw. 1256, Wismar 1251 bzw. 1293). Dabei erfreute sich insbesondere die Gemeinschaft des heiligen Franziskus durch ihre ambitionierte Seelsorge bei allen Bevölkerungsschichten einer besonderen Beliebtheit. Die Kirchen der Bettelorden zeichnen sich aus durch ihre betonte, fast schroffe Einfachheit, waren turmlos, aber dennoch in ihrem Massenaufbau ausgewogen und stadtbildbestimmend durch ihre hohen, steilen Dächer – Details, in denen sich architektonisch ihr hehres Armutsideal realisierte. So gesehen gilt der Besuch der Ribnitzer Klosterkirche als Geheimtipp, weil hier in besonders gelungener Form die Bauregeln jener Gemeinschaft umgesetzt sind. Die Geschichte dieser von Fürst Heinrich II. (regierte 1287 – 1329) installierten und auch von seinen Nachfolgern immer wieder protegierten Klostergründung (1323) belegt, dass ein solcher Akt auf Widerstand beim städtischen Rat, der Ortsgeistlichkeit, ja selbst beim zuständigen Schweriner Bischof stoßen konnte. Sie sahen sich in ihren Rechten bedroht, ein Ausgleich sollte nie so recht gelingen.

Dennoch wäre es mit Blick auf das Ribnitzer Beispiel falsch, den Ortspfarreien eine eher untergeordnete Bedeutung beizumessen. Das Gegenteil ist der Fall, denn erst der Ausbau der vom Schweriner Bischof Brunward eingeleiteten Kirchspielorganisation versprach eine dauerhafte kirchliche Gemeindeorganisation. Ihre Entwicklung war eng verschwistert mit dem Fortgang des Landesausbaus, sodass sich regionale Unterschiede durchaus feststellen lassen. Entlang der Ostseeküste, von Westen her, sind die zahlreichen, oft in die ersten Jahrzehnte des 13. Jahrhunderts zurückreichenden mächtigen, wehrhaft anmutenden Kirchenbauten – man denke an Rerik, Proseken, Kavelstorf – als Hinweis auf die frühe Erschließung des Landes anzusehen. Das Patronat über diese Kirchen lag zumeist beim Landesherrn. Mehrere, um die zehn, meist kleinere Orte bildeten ein Kirchspiel, und es konnte sogar zur Gründung von Tochtergemeinden kommen, wie 1229 in Dreveskirchen, einer Filialkirche von Neuburg.

Im Nordwesten Mecklenburgs war das Netz der kirchlichen Organisation um 1230 vollendet, wobei die anfänglich relativ großen Kirchspiele später aufgeteilt worden sind. Es konnte nicht ausbleiben, dass Kirchdörfer als Zentrum eines Kirchspiels administrativ wie wirtschaftlich an Bedeutung gewannen, weniger jedoch in politischer Hinsicht. Diesen Rang liefen ihnen sehr bald die aufblühenden Städte ab. Immerhin ist aber bekannt, dass Zurow im Mittelalter Austragungsort von Landtagsversammlungen gewesen ist. Dass es Unterschiede zu den erst an der Wende zum 14. Jahrhundert und später im südwestlichen wie östlichen Mecklenburg gegründeten Kirchspielen gab, sei hier nur erwähnt. Sie waren in der Regel kleiner und standen unter dem Patronat adliger Grundherren. Unterschiede gab es auch in der materiellen Ausstattung der Pfarreien. In den Städten, mit ihrer vergleichsweise höheren Bevölkerungszahl und -dichte, reichte eine Pfarrkirche oft nicht aus. Rostock hatte bereits im 13. Jahrhundert deren vier (St. Petri, St. Nikolai, St. Marien, St. Jakobi).

Mit Blick auf unsere Wanderung zu Sakralbauten im Küstenumland mag es mit dieser gerafften landeskundlichen Darstellung sein Bewenden haben. Schon vor dem Anbrechen der frühen Neuzeit kam die Hochblüte der mecklenburgischen Sakralarchitektur zum Erliegen. Noch im 15. Jahrhundert erhielten die Kirchenbauten von Klütz, Neubukow, Proseken ihre charakteristischen Spitzhelme. So sehenswerte Dorfkirchen wie die von Gressow und Hohenkirchen fanden damals ihre bauliche Ausformung. Beide Bauten sind durch das Schiff flankierende Reihen kapellenartiger Nischen bemerkenswert, ein spätgotisches Architekturmotiv, das offensichtlich von den großen Wismarer Kirchen übertragen worden ist. Dort waren im gleichen Säkulum – einem grandiosen Schlussakkord vergleichbar – mit St. Nikolai und St. Georgen Großprojekte in Angriff genommen worden, „Sehnsuchtssteingespinste aus Spitzbogenfenstern, gemauerten Linienflüssen, schnellen, schlanken Pfeilerrippen" (Ernst Barlach), die nicht mehr zu Ende geführt werden konnten. Chorerneuerung und Westturm der St. Georgenkirche blieben unvollendet.

Backstein

Es sei nun eingeladen zu einem orientierenden Spaziergang zu Stadt- und Ortskirchen entlang der mecklenburgischen Ostseeküste. Es wird eine Reise in die Backsteingotik sein, aber nicht ausschließlich. In der Mehrzahl reichen die Wurzeln der mecklenburgischen Kirchenbauten ins zweite, dritte Viertel des 13. Jahrhunderts zurück. Eigene Architekturtraditionen gab es zu diesem Zeitpunkt im Lande nicht. Zwangsläufig mussten sich die Auftraggeber an den älteren deutschen Kulturlandschaften orientieren, kam es zu einem „Import" von baukünstlerischen wie handwerklichen Kenntnissen und Erfahrungen. Unfraglich waren die ersten Kirchenbauten von Holz, doch war es unerlässlich, für Bauvorhaben dieser Art höherwertiges Material zu finden. Problematisch war das Fehlen von Haustein, sodass man notgedrungen auf die fast überall reichlich vorhandenen diluvialen Granitgerölle zurückgriff, den Feldstein. Unbearbeitet oder quaderartig zugehauen wurden die Steinbrocken in Schalenbauweise zu Mauern gefügt. Quadermauerwerk wurde in der Regel materialsichtig belassen. Aus unregelmäßigen Verbänden bestehendes Mauerwerk wurde verputzt und mit eingeritzten, farblich abgesetztem Fugenschnitt versehen, um optisch eine Regelmäßigkeit der Wandfläche vorzutäuschen. Reste eines solchen Putzes haben sich beispielsweise in Behren-Lübchin erhalten. Frühe Feldsteinkirchen zeichnen sich durch große handwerkliche Sorgfalt aus, sie wuchsen zu „trotzige(n) Bauwerke(n) empor, die dann, wenn sie mit einem Turm wie dem in Kavelstorf versehen wurden, einen zyklopenhaften Eindruck hinterlassen mussten" (Gottfried Holtz). Zur Ausbildung von ornamentalem oder figuralem Bauschmuck eignet sich der spröde Feldstein kaum, sodass man sich auf die Gestaltung schmuckarmer Details beschränken musste. Zur Einwölbung war er nicht brauchbar, sein Vorkommen nicht unerschöpflich. Ein geeigneter Baustoff musste also dringend gefunden werden: der Backstein.

Dieses Baumaterial war bereits seit dem 12. Jahrhundert in den benachbarten westlichen Landschaften heimisch. Einen Meilenstein markiert der Ratzeburger Dom, an dem sich die technischen und gestalterischen Möglichkeiten des Backsteins studieren ließen. Nicht zu vergessen bleibt, dass es Mönchsorden waren, die an der Verbreitung der Backsteinbauweise beteiligt waren, so neben den Prämonstratensern die Zisterzienser. Die noch am Haustein geschulten Baumeister mussten Erfahrungen mit dem ungewohnten Material sammeln. So war es in der Frühzeit nicht selten, Ziegelsteine mit an Meißelspuren erinnernde Riefelungen zu versehen. Die Verwendung von Backstein erforderte in konstruktiver wie gestalterischer Hinsicht ein Umdenken. Um die bei hohen Gebäuden auftretenden Druck- und Schubkräfte abfangen zu können, waren bei dem relativ kleinformatigen Ziegelmaterial Mauerverbände vonnöten. Auch die Bauorganisation brachte grundsätzliche Veränderungen mit sich. Um über entsprechende Ziegelmengen für ein größeres Bauvorhaben verfügen zu können, war ein mehrjähriger Produktionsvorlauf erforderlich. Größere Hausteinformen konnten in Backstein aus materialtechnischen Gründen nicht nachgebildet werden. Üblicherweise fanden Ziegel vom sogenannten „Klosterformat" (ca. 28 x 13 x 9 Zentimeter) Anwendung. Im Verlauf der Zeit vervollkommnete sich die Backsteinbauweise, jedoch nicht abgekoppelt vom zeitgenössischen Architekturschaffen. Mittels zusätzlicher Farbglasuren ließ sich die Farbigkeit der Wandflächen bereichern. Eine beschränkte Auswahl von Formsteinen bot die Möglichkeit zu räumlich-plastischem Bauschmuck. Dekorative Backsteinfriese mit figürlichen Darstellungen sind gelegentlich anzutreffen, am imposantesten am Chor der Kirche in Steffenshagen, nicht zu vergessen auch der Giebel der Südvorhalle von St. Nikolai in Wismar.

Zu den frühesten Backsteinbauten zählen auf unserer Wanderung die jetzigen Dorfkirchen in Lübow (ab 1210/27) und Neuburg (ab 1220/26), die ursprünglich als höfische Kirchen in Zusammenhang mit landesherrlichen Burganlagen entstanden sind, sowie die Klosterkirche St. Maria im Sonnenkamp (Neukloster, ab 1219/20). Es handelt sich um ursprünglich basilikale Anlagen mit reichen, im Detail durchaus noch romanischen Gliederungselementen am Außenbau, in Neukloster in Anlehnung an den Ratzeburger Dom. Als bemerkenswerte Backsteinbauten verdienen auch die Dorfkirchen von Dreveskirchen (ab 1245/55) und Elmenhorst (um 1230) Beachtung, erstere wegen ihrer stattlichen Ausmaße, die andere wegen ihrer ungewöhnlichen, vielleicht westfälischen Einfluss voraussetzenden Grundrisslösung in Form eines gedrungenen griechischen Kreuzes. Backstein gelangte aber auch bei Feldsteinbauten zur Verwendung, so bei der Ausformung von Details, bei Giebelflächen, bei Einwölbungen. Ein anschauliches Beispiel für die Verwendung beider Baumaterialien bietet die Kessiner Dorfkirche. Und in Dassow besteht die aus dem 13. Jahrhundert stammende Kirche aus einem Backsteinchor, der sich an ein breiteres Schiff aus sorgfältig bearbeiteten Granitquadern fügt, während der spätere Turm wiederum in Backsteinbauweise aufgeführt ist.

Nachmittelalterlich gelangte der Backstein erst im 19. Jahrhundert wieder zu Ansehen. Fast alle neugotischen Kirchenbauten des Landes wurden in dieser Bauweise errichtet. Erinnert sei hier an die Dorfkirche in Buchholz (1878 nach Entwurf von Georg Daniel, 1829 – 1913), die katholische und evangelische Kapelle in Heiligendamm, die neuerbaute Dorfkirche in Graal Müritz (1878/88, 1903/04 bzw. neuromanisch 1906/08 nach Plänen von Gotthilf Ludwig Möckel, 1838 – 1915) und die Rostocker Heilig-Geist-Kirche (1905/08). Nun fabrikmäßig hergestellt, lassen diese Ziegel die lebendige Struktur des historischen Baumaterials vermissen, ganz abgesehen davon, dass das damalige baukünstlerische Ideal von ganz anderen ästhetischen Prämissen ausging. Anzumerken bleibt, dass die Wiederherstellung der kriegszerstörten Gewölbe von Wismars St. Georgen seit 1990 eine enorme bautechnische Herausforderung war, die von den Handwerkern ganz erstaunlich gemeistert worden ist.

Formen und Stile

Bei Betrachtung der mecklenburgischen Sakralbauten fallen neben den Unterschieden im Baumaterial verschiedene Grundrisslösungen auf. Drei Raumformen lassen sich feststellen, wobei in der Frühzeit ihr „Import" mit den Baugewohnheiten der Siedler zusammenhängt. Es sind Basilika, Hallenkirche und Saalbau, denen wir bei unserer Wanderung begegnen werden. Die damals anspruchsvollste und über Jahrhunderte ausgereifte Lösung war die Basilika. Als Bautyp hatte sie um 1200 mit der räumlichen Abfolge von Chor, Querschiff, Langhaus und westlicher Turmfront ihre klassische Ausprägung gefunden. Seit 1200 hatte sich als weiterer Bautyp die Hallenkirche mit ihren gleich hohen Mittel- und Seitenschiffen herausgebildet. Von Westfalen her fand diese Raumvariante in Norddeutschland und Skandinavien Verbreitung. Die einfachste Raumform war die ungegliederte Saalkirche, die vor allem bei Dorfkirchen übernommen worden ist. Hallen- wie Saalkirchen ließen sich durch Chor- und Querhausanbauten erweitern.

Früh begonnene Sakralbauten lassen das bewährte traditionsreiche Basilikalschema erkennen. Die Klosterkirche Doberan (gemeint ist der 1232 geweihte Erstbau!), die schon erwähnten Kirchenbauten in Neukloster, Lübow, Neuburg und nicht zu vergessen die Marlower Stadtkirche (um 1215/20) folgen dieser Lösung. Ihr noch der Romanik zuzuweisender Bauschmuck ordnet sie den ältesten mecklenburgischen Bauwerken zu. In jener frühen Phase heimischer Kirchenbaukunst überwogen jedoch die Hallenkirchen. Sie scheinen dem damaligen Gemeinschaftssinn städtischer Gemeinden am ehesten entsprochen zu haben. In Mecklenburg bildete sich zunächst die sogenannte Kurzhalle mit einem von vier Stützen getragenem Schiff heraus. Gegen Ende des 13. Jahrhunderts kamen dann Langhallen mit bis zu zehn Freipfeilerpaaren auf. Mit der um 1250 begonnenen, später freilich erweiterten Rostocker St. Nikolaikirche blieb ein besonders wichtiges Beispiel für den im Ostseegebiet verbreiteten Typus einer kurzen chorlosen Halle erhalten. Das schlichte blockhafte Äußere lässt im Detail ein Ausreifen gotischer Konstruktions- und Gestaltungsprinzipien erkennen. Der ursprüngliche Raumeindruck nahezu fehlender Richtungsbezogenheit veränderte sich im 15. Jahrhundert durch den Anbau eines höhergelegenen Rechteckchors. Mit dem „Schwibbogen" als dessen notwendige Unterführung im Bereich der östlichen Stadtbefestigung entstand städtebaulich übrigens ein sehr malerischer Winkel. Weitere Hallenbauten noch des 13. Jahrhunderts entstanden in Ribnitz, Neubukow, Grevesmühlen, auch in Klütz und Rerik, nicht zu vergessen Rostocks St. Marien (Erstbau um 1262/65, ca. 1290 Planwechsel zur Basilika). Alle diese Bauten zeigen sich des Typus der kurzen Halle verpflichtet, wenngleich nicht chorlos, wie ursprünglich St. Nikolai in Rostock.

Mit dem Umbau der Lübecker Marienkirche im französische Anregungen aufgreifenden Kathedralstil (um 1260/80) war ein Bauwerk entstanden, dass bekanntlich für den gesamten Ostseeraum zum Vorbild wurde. Nicht nur bischöfliche und klösterliche Auftraggeber, sondern auch die mächtig gewordenen Hansestädte versuchten dieses repräsentative Bauschema für ihre Zwecke zu übernehmen. Neuartig waren insbesondere die aufwändigen Ostteile, die wie ein kostbares Gehäuse den Hochaltar in ihrem Zentrum aufnehmen. Dazu führte man die Seitenschiffe um das zum Binnenchor gewordene Chormittelschiff herum, nicht ohne sie hier im Chorbereich durch einen Kranz von Kapellen aufzuweiten. Der Außenbau solcher Ostpartien zeigt sich plastisch aufgelockert und rhythmisiert durch Strebepfeiler und –bögen, die die hohen, stark durchfensterten Mittelschiffswände stützen. Die Belichtung solcher Räume war gestuft vom Hell der Obergadenzone bis zum Halbdunkel im Mittelschiffsbereich. Hier nur zu erwähnen ist, dass auch der innere Wandaufbau einer differenzierten Aufgliederung unterliegt, ohne jedoch herrschende Konstruktionsprinzipien verneinen zu wollen. Dem Lübecker Vorbild verpflichtet zeigen sich die Doberaner Klosterkirche (nach 1294, Weihe 1368), die Rostocker St. Marienkirche (ab 1290), St. Marien in Wismar (ab 1339, zerstört 1945 und 1960 bis auf den Turm abgetragen), die dortige St. Nikolaikirche (für einen spätgotischen Bau ungewöhnlich einheitliche Anlage nach dem Vorbild der Schwesterkirche St. Marien, Baubeginn spätes 14. Jahrhundert). Auch die dortige

St. Georgenkirche sollte im 15. Jahrhundert nach dem Kathedralschema umgestaltet werden, doch überstieg dieses ehrgeizige Vorhaben schließlich die Möglichkeiten der Auftraggeber (1945 kriegsbeschädigt, seit 1990 Wiederaufbau). Eine sorgfältig durchgebildete, jedoch vom Kathedralschema abweichende Ostpartie wies die 1942 kriegszerstörte Rostocker St. Jakobikirche auf (um 1430 vollendet, Abbruch 1957/60). Nicht vom Partriziat getragene Pfarrkirchen wie auch binnenländische Städte verzichteten auf aufwändige Chorpartien. Unter Beibehaltung des Basilikalschemas schlossen jene Baukörper im Bereich vom Mittelschiff entweder mit einem Rechteckchor – eventuell mit polygonalem Schluss – oder mit einem angesetzten Polygon wie bei Rostocks St. Petri.

Ein Wort noch zur Doberaner Klosterkirche, einem Bau des traditionsbewussten älteren Reformordens der Zisterzienser. Seine Bauregeln trugen autoritären Charakter. Das Fehlen eines Turms war vorgegeben, wie überhaupt eine Verknappung der Architekturformen zu Gebot stand. So gibt es am Außenbau keine Strebebögen. Im Inneren fällt der Verzicht auf eine Vierung auf. Die Kreuzarme erscheinen als eigenständige Kapellenräume. Dadurch wird das Mittelschiff als durchgehender Raum betont. Die nur aufgemalte Triforienzone unterstreicht die Körperhaftigkeit der Wand. Übrigens, die naturalistischen, botanisch auswertbaren Pflanzendarstellungen an Kapitellen und Konsolen weisen auf den erstaunlichen naturwissenschaftlichen Kenntnisstand der Zisterzienser.

Als Stadtkirchen dienende Saalbauten – so Dassow, Schwaan und Bad Sülze – stellen eine zahlenmäßig kleine Gruppe dar. Es sind Baukörper, die sich von zeitgenössischen Dorfkirchen nicht grundsätzlich unterscheiden. Diese Sakralbauten folgen dem so genannten „westfälischen Bautyp", dessen Auftreten im Küstenbereich sehr verbreitet ist. Ihn charakterisieren der um ein Quadrat errichtete Westturm, an den sich das gewölbte Schiff mit dem leicht eingezogenen, quadratischen und ebenfalls gewölbten Chorraum (mit Nordsakristei) anschließt. Ein treffliches Beispiel für diese Bauform hat sich in Sanitz erhalten, einem Feldsteinbau mit Backsteinverwendung aus der Mitte des 13. Jahrhunderts. Seine gestaffelten, teils noch mit Rundbogenschluss versehenen Dreifenstergruppen und auch die kuppelartigen Domikalgewölbe deuten auf eine in die Übergangszeit von der Romanik zur Gotik zu datierende Bauzeit. Diese und vergleichbare Baudetails sind im Mecklenburgischen wiederholt zu finden.

Der „westfälische Bautyp" findet sich seit dem 14. Jahrhundert – angeregt wohl durch das städtische Kirchenbaugeschehen – erweitert durch das Errichten von Hallenschiffen (Rerik, Parkentin, Lichtenhagen) sowie das Aufgreifen von basilikalen Baustrukturen (Kalkhorst, Steffenshagen, Basse). Zudem lassen die im 14. und 15. Jahrhundert errichteten Dorfkirchen die frühere, oft archaisch anmutende Schwere vermissen und zeigen sich vom Formengut zeitgenössischen Architekturschaffens geprägt. Ein eher bescheidenes Beispiel stellt die Kirche des Dorfes Mecklenburg dar. Wismars Kirchenbaukunst hat unfraglich in die Umgebung ausgestrahlt. In Hornstorf ist es die Maßwerkgliederung am Giebel der südlichen Vorhalle, in Zurow die Gliederung des Turmgiebels mit glasierten Schmuckziegeln, die jenen Einfluss voraussetzen.

Hervorzuheben bleibt der anderen Traditionen verpflichtete Backsteinsaal des Ribnitzer Klarissenklosters. Seine Architektursprache lässt das Bauideal der Bettelorden erkennen. Neben der obligaten Turmlosigkeit ist dies besonders die große Schlichtheit solcher ansonsten sehr ausgewogenen proportionierten Bauten. „Wie die älteren Reformen meinten auch die Bettelorden mit ihrer Neigung zum zweckmäßigen und sachlichen Bauen letztlich immer wieder das frühchristliche Ideal, den Nutzbau mit klaren Umrissen, der letztlich Hülle war, ein durch Aktion ausgefülltes dreidimensionales Gebilde" (Ernst Badstübner).

Nach der Reformation

Das „grosse ausgetrocknete Rot" (Uwe Johnson) mittelalterlicher Backsteinkirchen ist aus der mecklenburgischen Landschaft nicht fortzudenken. Hansestädte wie Rostock und Wismar ohne ihre großartigen Kirchenriesen, das scheint nicht vorstellbar. Dennoch sollte auch das nachreformatorische Kirchenbaugeschehen nicht ohne Würdigung bleiben. An Neubauten bestand zunächst kein Bedarf. Es galt sich der neuen gottesdienstlichen Ordnung gemäß in den vorhandenen Gotteshäusern einzurichten oder leerstehende Klosteranlagen anderer Nutzung zuzuführen, wie in Rostock und Ribnitz erfolgt. Nur mit Not konnte damals in Doberan der Abbruch auch der Klosterkirche verhindert werden. Die Folgen des Dreißigjährigen Krieges sind für Mecklenburg unsagbar gewesen und führten natürlich zur Stagnation auf künstlerischem Gebiet. Erst mit Beginn des 18. Jahrhunderts sollte sich eine Konsolidierung der wirtschaftlichen Verhältnisse abzeichnen, erwachte auch das Kunstschaffen allmählich wieder. Ein durchaus bemerkenswertes Beispiel damaliger künstlerischer Raumgestaltung hat sich in Rerik erhalten. Durch die Restaurierung von 1974 konnte dem Kircheninneren die auf historischem Befund basierende barocke Polychromie von 1668 wiedergegeben werden. Zusätzlichen Reiz erhält der Raum natürlich durch seine im gleichen Stil gehaltene und in seltener Vollständigkeit überkommenen Ausstattung. Kirchen mit so reichhaltiger Barockausstattung sind in Mecklenburg eine Seltenheit.

Bei unserer Wanderung im Küstenbereich bleibt an die Ribnitzer Stadtkirche zu erinnern. Sie war 1759 ausgebrannt und hatte nicht nur ihre mittelalterliche Ausstattung verloren, sondern auch ihre Gewölbe und Pfeiler. Der Wiederaufbau erfolgte 1765/89 unter der Leitung von Johann Joachim Busch (1720 – 1802), einem Baumeister, der als Schöpfer des barocken Ludwigslust bekannt ist. Aus dieser Zeit stammt das bauprägende Mansarddach, während der Turmaufbau erst später fertiggestellt worden ist: Turmhaube 1819 (Carl Theodor Severin, 1763 – 1836) und Laterne 1841/43 (Georg Adolf Demmler, 1804 – 1886, wird heute von einigen Experten angezweifelt). Das qualitätvolle barocke Innere wurde 1980/85 verändert, der architektonisch aufgebaute Altaraufsatz blieb erhalten.

Jenem Ribnitzer Turmprojekt waren im benachbarten Rostock übrigens interessante Lösungen vorausgegangen. 1588 hatte die St. Jakobikirche eine prachtvolle Turmhaube erhalten, und die barocke Turmspitze von St. Marien ist bis heute ein Wahrzeichen der Hansestadt. 1703 vernichtete ein Orkan die Spitzhelme der St. Nikolaikirchen in Wismar und Rostock. Seit 1994 grüßt die 1578 errichtete und 117 Meter hohe, 1942 kriegszerstörte Turmspitze der dortigen St. Petrikirche wieder weit ins Land. Ein schönes, kaum bekanntes Beispiel für kirchliches Kunstschaffen auf dem Lande hat sich in Reez (bei Dummerstorf) erhalten. Nach Beschädigungen im Dreißigjährigen Krieg wurde das wohl noch ins 15. Jahrhundert zu datierende Feldsteinkirchlein 1772 mit aufwändiger Westfassade wieder hergestellt. Auch die Innenausstattung stammt von damals: reizvolle Rokokoschnitzereien, wie sie hierzulande nicht oft anzutreffen sind.

Für den Klassizismus war das Thema Kirchenbau von nur untergeordneter Bedeutung. An der Schwaaner Stadtkirche lassen sich bemerkenswerte, in jene Zeit zu datierende Baumaßnahmen feststellen. Bei einer Reihe von Reparaturen – wohl 1819 – erhielt der Turm seine vier flachen, klassizierenden Dreiecksgiebel. Und 1829 – nach Entwürfen von Severin – waren in neugotischer Formensprache ausgeführte Umbauarbeiten an der älteren südlichen Kapelle vollendet. Der Architekt, den wir als Schöpfer der klassizistischen Bauten in Doberan und Heiligendamm schätzen, bediente sich hierbei – ähnlich wie zuvor schon beim Ribnitzer Turmprojekt – der vom älteren Gilly (1748 – 1808) entwickelten Bohlenbinder-Dachform. Insofern ist es berechtigt, das Schwaaner Bauvorhaben formal eher durch Architekturauffassungen des Klassizismus geprägt zu sehen. Die Instandsetzung der Kapelle in Althof (bei Doberan) ab 1822/23 und die Preisgabe des barocken Raumbildes der Klützer Kirche zugunsten eines reromanisierten Hallenraumes 1844 zählen zu den frühesten Beispielen für ein Zusammenwirken von Architekten und Historikern auf der Grundlage stilkritischer Analysen.

Historismus

Nach 1840 ist natürlich auch das mecklenburgische Kirchenbaugeschehen durch den Formenapparat des Historismus geprägt worden, wobei auf diesem so speziellen Gebiet die Neugotik dominieren sollte. „Sie trägt zwar die Handschriften verschiedener Architekten, orientiert sich aber durchweg an der heimischen mittelalterlichen Architektur und bekommt so einen durchgehenden und verbindenden Grundzug" (Horst Ende, 1984). Namen wie Daniel und Möckel wurden schon genannt. Keinesfalls zu vergessen ist Theodor Krüger (1818 – 1885), unter dessen Aufsicht seit 1853 die Kirchenbauten im Schweriner Großherzogtum standen. Die von ihm vorgegebene Ausrichtung auf die Neugotik der Hannoverschen Schule wurde von seinen Amtsnachfolgern fortgeführt. Der 1870/72 rekonstruierte Chorbau von St. Nikolai in Grevesmühlen belegt, dass es Krüger durchaus verstand, ältere Raumsysteme mit einem stilgetreuen Neubau zu verbinden. Die schon erwähnte Rostocker Heilig-Geist-Kirche sowie die dortige, 1909 nach Möckel-Plänen errichtete katholische Christuskirche (gesprengt 1971), stehen am Anfang des Kirchenbaugeschehens im 20. Jahrhundert. Zwar gelangte auch bei diesen beiden Großbauten nochmals das neugotische Vokabular zur Anwendung, aber bereits in einer sehr geglätteten Form. Im Detail – namentlich bei der Ausmalung – wird der zeitgenössische Geschmack durchaus spürbar, der Historismus klingt aus.

Diese und andere kirchliche Bauvorhaben blieben nun keineswegs gestalterischer Beliebigkeit überlassen. Sie unterlagen vielmehr gewichtigen Reglementierungen, die damals in Auswirkung auf Reformen in Gottesdienstordnung und Liturgie und dem sich hiervon ableitenden Verständnis von Architektur und Raumordnung erlassen worden sind. Angesprochen ist das 1861 ergangene Eisenacher Regulativ, dem in Mecklenburg bereits

1857 eine ähnliche Bauordnung vom Rang eines Landesgesetzes vorausgegangen war, die später – 1893 und 1909 – noch präzisiert worden sind. Hierzulande galt allein der „gotische Stil" als verbindlich für kirchliche, in Backsteinbauweise auszuführende Bauaufgaben, war die Gestaltung des Altars als Prinzipalstück zu betonen, zur Grundrisslösung die Kreuzform bestimmt. Dabei ging es um eine deutliche, auch bauseitig erkennbare Scheidung von Chor- und Laienraum: Steinwölbung des Chors und sichtbares Dachtragewerk im Gemeindebereich. Die 1869/73 von Krüger auf einem künstlichen Hügel errichtete Wustrower Kirche ist ein bezeichnendes Beispiel für jene Architekturauffassung.

Umbau, Zerstörung und Restaurierung

Eingreifende Umbauten und Rekonstruktionen an historischen Kirchenbauten wurden denkmalpflegerisch und wissenschaftlich forschend begleitet, so problematisch aus heutiger Sicht viele damalige Entscheidungen auch sein mögen. So gelang es eben nicht, den Verlust des baugeschichtlich aufschlussreichen Chorraums der Stadtkirche von Grevesmühlen zu verhindern. Andererseits wurden aber Bauuntersuchungen angeregt wie 1881 im Zusammenhang mit dem Turmbau der Kröpeliner Kirche. Nicht zu vergessen ist, dass gefährdetes oder für eine gottesdienstliche Nutzung ungeeignet scheinendes Kunstgut damals zumeist in die Sammlungsbestände des Schweriner Museums gelangte (heute: Staatliches Museum Schwerin, Schloss Güstrow). Schließlich bleibt auf den „Schlie" zu verweisen, das 1896/1902 erschienene fünfbändige Inventarwerk – eine bis heute unschätzbar gebliebene Dokumentation vornehmlich sakraler Architektur und Kunst. So sind es also drei Namen, die mit dem mecklenburgischen Kirchenbaugeschehen vornehmlich der zweiten Hälfte des 19. Jahrhunderts aufs Engste verbunden sind: der maßgebliche Theologe Theodor Kliefoth (1810 – 1895), der kenntnisreiche Archivrat Friedrich Lisch (1801 – 1883), seit 1852 „Conservator der historischen Kunstdenkmäler" und Friedrich Schlie (1839 – 1902), von 1877 – 1902 Direktor des Kunstmuseums und Verfasser der „Kunst- und Geschichts-Denkmäler des Grossherzogthums Mecklenburg-Schwerin" (Reprint 1992/93).

Auch das 20. Jahrhundert hat im Kirchenbaugeschehen Spuren hinterlassen – leider auch schmerzliche! Die alliierten Bombardements verwüsteten 1942 Rostocks historische Altstadt zu großen Teilen. In der Stadt an der Warnow gingen die Hauptkirchen St. Petri (Wiederherstellung 1954/58), St. Nikolai (Wiederherstellung 1955/64) und St. Jakobi im Feuersturm unter. Allein die St. Marienkirche konnte durch beherzte Löschversuche gerettet werden. Noch kurz vor Kriegsende erlitten die Bauten des sogenannten „Gotischen Quartiers" in Wismar schwere Schäden und damit die Kirchen St. Marien und St. Georgen. Die Beseitigung der gewaltigen Kirchenruinen von St. Jakobi und St. Marien erklärt sich aus dem engstirnigen ideologischen Fortschrittsoptimismus jener Jahre und der danach einsetzenden, nach 1971 versickernden „Woge städtebaulicher Planungseuphorie" (Thomas Topfstedt). Ihr sollte schließlich noch Möckels Rostocker Christuskirche zum Opfer fallen. In diesem Zusammenhang bleibt an drei Neubauten zu erinnern. Aus Trümmerziegeln von St. Jakobi bzw. St. Marien entstanden in Rostock die St. Johanniskirche (1949/50) und in Wismar die Neue Kirche (1950/51). Es handelt sich in beiden Fällen um Serienbauten, entworfen von Otto Bartning (1883 – 1959). Diese durch klare, überschaubare Raumformen gekennzeichneten Notkirchen ließen sich aus vorgefertigten Teilen zusammenbauen. Gisbert Wolf und

Rudolf Lasch lieferten den Entwurf für die neue, 1970/71 fertiggestellte Rostocker Christuskirche, an die sich in Klosterart verschiedene Funktionsräume fügen. Die kühne wie elegante Konstruktion des hyperbolischen Beton-Schalendachs vom Kirchenraum stammt von Ulrich Müther. Im Rahmen des kirchlichen Sonderbauprogramms erfolgte seit 1977 bis 1994 der Umbau von Rostocks St. Nikolaikirche, dieser für die mecklenburgische Kunstgeschichte so bedeutsamen Hallenkirche. Damit verbunden war ein mehrgeschossiger Ausbau das Satteldachs und Turmmassivs zu Wohn- und Verwaltungszwecken, was statisch wie gestalterisch erhebliche Eingriffe in die historische Baugestalt voraussetzte. Aus denkmalpflegerischer Sicht war dieses Projekt nur mit Bedenken zu akzeptieren. Es erklärt sich freilich aus der besonderen kirchlichen Situation der Vor-Wendezeit 1989. Mit viel planerischem und architektonischem Aufwand entstand 2003 in Rostock auf dem Gelände des bis dahin verwahrlosten Jakobikirchplatzes ein Ort der Stille und Besinnung. Das 7000 qm große Gelände wurde so gestaltet, dass der Grundriss der einstigen Kirche nachvollziehbar wird.

Der Wiederaufbau, die Restaurierung, Instandhaltung und Pflege der Kirchenbauten bedeutet für die Gemeinden eine enorme Herausforderung. Nicht zu vergessen sind aber auch die Hilfen der staatlichen Denkmalpflege, so beispielsweise bei den Arbeiten in Klütz (1964/66) und an der Doberaner Klosterkirche (1977/84), wobei hier die Rückgewinnung der mittelalterlichen Raumformung nach historischem Befund im Mittelpunkt stand. Auch manche Unterstützung durch Patengemeinden jenseits der einstigen deutsch-deutschen Grenze war wichtig. Am Umfang der ausstehenden Bauaufgaben hat sich nach 1990 nichts geändert. Ohne Sponsoren, Patronatsmittel und Stiftungen – so die Deutsche Stiftung Denkmalschutz, die Zeit-Stiftung, Hermann Reemtsma Stiftung – wären viele Vorhaben nur schwerlich auszuführen gewesen, etwa die Restaurierung historischer Orgeln und insbesondere nicht die ambitionierte Wiederherstellung von Wismars St. Georgen.

Kunstschätze

Unsere Reise zu Kirchenbauten im mecklenburgischen Küstenbereich wäre ohne einen Blick auf ihre oft kostbaren Ausstattungen unvollständig, auch wenn es hier nur punktuelle, zum Entdecken anregende Hinweise sein können.

Die wandgebundenen, oft nur fragmentarisch erhaltenen Wand- und Gewölbemalereien zählen oftmals zur ältesten Ausstattung überhaupt. Früheste Ausmalungen lassen sich seit Mitte des 13. Jahrhunderts nachweisen. Aus dieser Zeit blieben Aposteldarstellungen im Chorbereich der Kavelstorfer Kirche erhalten. Die Blütezeit dieses Wandschmucks fällt ins 14. und 15. Jahrhundert. Gelegentlich trat er im 17. und 18. Jahrhundert auf, doch bleibt eine so qualitätvolle Raumfassung wie in Rerik singulär. Wand- und Gewölbemalereien hatten die Aufgabe, anhand umfangreicher Bildzyklen dem des Lesens Unkundigen biblische Geschichte und Heiligenlegenden vor Augen zu führen. Themen wie das Jüngste Gericht, Passionsszenen, Darstellungen aus dem Marienleben sowie von Aposteln und Heiligen waren dabei bevorzugt. Es lässt sich beobachten, dass diese Form der Raumgestaltung bei Dorfkirchen sogar eine dominierende Stellung innehatte, was offensichtlich mit dem viel komplizierteren Baugeschehen und differenzierteren Raumprogrammen städtischer Sakralbauten zusammenhängt. Imposante Raumfassungen existieren in Toitenwinkel und Petschow (beide 14. Jahrhundert), die aber – wie durchaus üblich im 19. Jahrhundert – bei den Instandsetzungen von 1889 bzw. 1896/98 überarbeitet worden sind. Die 1963/64 bei Restaurierungsarbeiten in der Walkendorfer Kirche aufgedeckte Ausmalung war so gut erhalten, dass nur unbedeutende Retuschen erforderlich wurden. Ihre ursprünglich anmutende Ausstrahlungskraft auf den Kirchenraum bleibt unbestritten. In Doberan ist die Architekturfarbigkeit des 14. Jahrhunderts wiederhergestellt worden. Hier betont eine an den entsprechenden Baugliedern aufgetragene dekorative Malerei die konstruktiven Zusammenhänge des Kirchenbaus. Großflächige Wandmalereien haben sich in Wismars Kirchen erhalten. Als Rarität findet sich in der Rostocker St. Nikolaikirche ein inzwischen stark zerstörtes, die heilige Kümmernis darstellendes Wandbild.

Die Aufstellung von Altarschreinen setzte sich in Mecklenburg im späten 14. Jahrhundert durch. Den Auftakt bildet der um 1310 entstandene, um 1360/65 erweiterte, bis heute unverrückt belassene vormalige Hochaltar der Doberaner Klosterkirche. In seiner ursprünglichen Form zählt er zu den frühen Beispielen geschnitzter Altäre und gilt als charakteristisches Glied in der Entwicklungsreihe vom steinernen Altaraufsatz zum Flügelaltar. Die Blütezeit mittelalterlicher Altarschreine fällt ins 15. und 16. Jahrhundert. Erstaunlicherweise hat sich in Mecklenburg ein durchaus beachtlicher Bestand alter Bildwerke erhalten. Den damaligen Bedarf deckten zumeist einheimische Werkstätten, namentlich die Rostocks und Wismars. So entstanden die Altäre von St. Nikolai Rostock (jetzt in St. Marien) und die aus Toitenwinkel und Bentwisch in der Stadt an der Warnow. Wismars St. Nikolaikirche bewahrt seit Ende des letzten Krieges den ebenda gefertigten ehemaligen Hauptaltar von St. Georgen (um 1430). Nach Größe (9,40 Meter Breite bei geöffnetem Zustand) und künstlerischer Qualität zählt er zu den Hauptwerken spätgotischer Flügelaltäre im Ostseeraum. Lübischen Einfluss lässt der ebenfalls in Wismar gearbeitete Martin-Georg-Schrein (um 1500, ursprünglich in St. Georgen, jetzt in der Heiligen-Geist-Kirche) erkennen. Auch das Importieren von Kunstgut war üblich. So gelangte der Doberaner Fronleichnamsaltar (um 1330/40) aus einer Lübecker Werkstatt ins Land, wurde der Altar der Warnemünder Kirche um 1475 in Danzig geschaffen. Süddeutsche Vorbilder setzt der Rostocker Rochusaltar (um 1525/30, St. Marien) voraus. Das ungefasste, sehr qualitätvolle Schnitzwerk, das eine Reihe interessanter medizinhistorischer Details birgt, gilt als letzter mittelalterlicher Schnitzaltar im Lande.

In stilistischer wie ikonographischer Hinsicht stellt die vorreformatorische Ausstattung der Doberaner Klosterkirche für Mecklenburg einen Höhepunkt dar. Erinnert sei nur an den Kreuzaltar (um 1365/70), eine einzigartige Kombination von Laienaltar und Triumphkreuz zur Scheidung des Raumes in Konversen – und eigentliche Mönchskirche. Auch der „Mühlenaltar" (um 1410/20) sei genannt. Es handelt sich um eine Darstellung der sogenannten „Hostienmühle", ein in der Umgebung von Doberan gelegentlich wiederholtes Thema (Rostock, Heilig-Kreuz-Kirche, Retschow). Die Tradition mittelalterlicher Altarwerke brach mit Einzug der Reformation ab. Üblich wurden nun architektonisch aufgebaute, mehrgeschossige Renaissance- und Barockaltäre. Gute Beispiele hierfür finden sich im Dorf Mecklenburg (1622) und in Dassow (um 1635) bzw. in Rerik (1754/55) und Rostock (St. Marien, 1720/21). Ein seltenes Beispiel für einen Kanzelaltar – die besonders in Sachsen und Thüringen verbreitete

Kombination von Altar und Kanzel – blieb in Reez (bei Kavelstorf) erhalten. Seit der zweiten Hälfte des 19. Jahrhunderts wurden – gemäß besagter Regulative – neugotische Altarwände üblich.

Auf mittelalterliche Triumphkreuzgruppen und Einzelkunstwerke kann hier nur verwiesen werden. Eindrucksvolle Arbeiten dieser Art sind in Lübow, Neuburg – dort sogar als fünffigurige Gruppe – und im Dorf Mecklenburg noch an ihren ursprünglichen Aufstellungsorten vorhanden. Nicht zu vergessen sind auch die Beispiele aus Wismar. Das aus der Übergangszeit von der Romanik zur Gotik stammende Kruzifix in Hohenkirchen zählt zu den eindrucksvollsten im Lande. Bekannte, künstlerisch herausragende Einzelplastiken sind die Kessiner Sitzmadonna (Ende 13. Jahrhundert) und die überlebensgroße Holzskulptur des Warnemünder heiligen Christophorus (um 1510/20). Im Küstenbereich genoss dieser Heilige einst besondere Verehrung, wofür auch die thematisch gleichartigen Wandmalereien in Wismars Kirchen sprechen. Als rangvolle mittelalterliche Kunstwerke blieben das 11,60 Meter hohe Doberaner Sakramentshaus zu erwähnen – wohl das älteste dieser Art in Deutschland, der ehemalige Kelchschrank dort (um 1310) und die noch funktionstüchtige Astronomische Uhr der Rostocker St. Marienkirche (1379, Umbau 1472).

Zu den urtümlich anmutenden Ausstattungsstücken mancher Kirchen zählen Tauffünten, große, aus Granit oder Kalkstein gehauene Becken, die zumeist ins 13. und 14. Jahrhundert zu datieren sind. In Steffenshagen, Lichtenhagen, Proseken, Hohenkirchen haben sich derartige Taufen erhalten. In Rostock und Wismar sind um 1290 bzw. 1335 gegossene Bronzefünten zu bewundern, die zu den bedeutendsten ihrer Art im Ostseegebiet zählen. Großartige Kanzeln und eine feste Bestuhlung, dies wurde mit Nachdruck erst seit der Reformation thematisiert. Die prachtvollste unter ihnen bleibt die Rostocker Marienkanzel von 1574, die wohl aus der Werkstatt des dort ansässig gewordenen Antwerpener Rudolf Stockmann (†1622) stammt. 1723 erhielt sie ihren barocken Schalldeckel, dessen zweigeschossiger Aufbau Bezug auf die architektonische Gestaltung des älteren Kanzelkorbs nimmt. Mittelalterliches Gestühl – wie in Doberan, Heilig-Kreuz Rostock, Wismar, Klütz – wurde in nachreformatorischer Zeit gemeindekirchlich weitergenutzt. Die Aufstellung von Ratsgestühl wurde üblich, beispielsweise in Tessin 1728. Patronatsgestühl hielt Einzug in die Kirchen, 1749/51 wurde die herzogliche Loge im Westteil von Rostocks St. Marienkirche eingefügt. Treffliche Beispiele für die Vielgestalt dieser Gattung haben sich in Dorfkirchen erhalten, namentlich in Basse und Kalkhorst.

Orgeln sind aus dem Gottesdienstgeschehen, aber auch in räumlich-kompositorischer Hinsicht aus Sakralräumen nicht fortzudenken. An architektonischem Aufwand kaum noch zu überbieten, zeigt sich der Orgelprospekt der Rostocker Marienkirche. Auf theatralische Wirkung bedacht, schwingt sich hier in spätbarocken Formen eine mehrgeschossige, Fürstenloge, Orgelempore und -prospekt zusammenfassende Komposition bis zum Gewölbescheitel empor, wobei eine Korrespondenz zum nur wenig älteren Altaraufbau unübersehbar bleibt. Jüngste Restaurierungen retteten eine Reihe von historischen Instrumenten quasi im letzten Moment, so die Arp-Schnitger-Orgel in Blankenhagen (1686/87, 1833 von Hamburg-Altona hierher versetzt), die Hantelmann-Orgel in Cammin (1772), in Dreveskirchen die

Paul-Schmidt-Orgel (1754) – ein Frühwerk vom bedeutenden Orgelbauer des Barock in Mecklenburg –, in Gnoien die Lütkemüller-Orgel (1859) und in der Rostocker Heiligen-Geist-Kirche die Walcker-Orgel (1908). Nicht zu Unrecht gilt die mecklenburgische Orgellandschaft unter Kennern als Geheimtipp!

Durch Jahrhunderte waren die Kirchenbauten privilegierte Orte des Totengedenkens, wie die Vielzahl überlieferter Grabanlagen und Erinnerungsmale (Epitaphien) belegt. Wiederum sei an die vielen, künstlerisch oft hochwertigen Beispiele in der Doberaner Klosterkirche erinnert, aber auch an die vielgestaltigen barocken und klassizistischen Gruftkapellen der Rostocker St. Marienkirche. Ein wichtiges Renaissancewerk ist das Wandgrabmal der Ribnitzer Äbtissin Ursula (1590) von Philipp Brandin († 1594). Nicht zu vergessen bleibt das aufwändige Epitaph des 1592 verstorbenen Victor v. Bassewitz in Basse, das aus der Werkstatt des Brandin-Nachfolgers Claus Midow stammt.

Zu den unverwechselbaren Ausstattungsstücken küstennaher Kirchen zählen Schiffsmodelle, die sogenannten Votivschiffe. Sie stellen fromme Stiftungen aus dem 18., zumeist 19. Jahrhundert dar. Als kultur- und kunstgeschichtliche Denkmale sind sie unzweifelhaft von Interesse. Durch ihren Zusammenhang mit einem kirchlichen Raum weisen sie aber über sich hinaus, werden sie zu einem die Meere übergreifenden, die Länder verbindenden Symbol für Glaube, Liebe, Hoffnung. So gesehen scheint sich in ihnen die christliche Botschaft sakraler Architektur und Kunst nochmals zu verdichten.

ROSTOCK

St. Marienkirche 28
St. Jakobikirche 35
St. Petrikirche 37
St. Nikolairche 39
St. Michaeliskirche 42
Universitätskirche 44
St. Katharinenstift 46
Heiligen-Geist-Kirche 47
St. Johanniskirche 48
Christuskirche 49
Gehlsdorf 51
Schmarl 52
Biestow 53
Lichtenhagen 55
Toitenwinkel 56
Bentwisch 57
Warnemünde 58

ROSTOCK ST. MARIENKIRCHE

Um ein Haar gäbe es die bedeutendste Kirche Rostocks nicht mehr: In der Bombennacht des 26. April 1942 fing auch die Marienkirche Feuer. Dem Küster Friedrich Bombowski und seiner Tochter Ursula ist es zu verdanken, dass dieses monumentale und eigenwillige Zeugnis der Backsteingotik noch heute so dasteht wie seit Jahrhunderten.

Unermüdlich bekämpften sie die Flammen, unterstützt von zahlreichen Bürgern. In einer langen Kette reichten die Helfer Eimer mit Wasser nach oben in den brennenden Dachstuhl, bis die Flammen unter Kontrolle waren. Von sechs Uhr morgens bis zum Nachmittag dauerte die Löschaktion. So wurde die Marienkirche gerettet, mitsamt ihrer wertvollen Innenausstattung. Noch zweimal drohten Flammen im Krieg die Kirche zu vernichten und wieder gelang es dem unermüdlichen Küster und seiner Tochter, sie zu löschen. Während alle anderen großen gotischen Kirchen damals ausbrannten, blieb St. Marien weitgehend verschont.

Und so können wir auch heute noch im Innenraum den imposanten barocken Orgelprospekt und die Fürstenloge bewundern, ebenso die mit reichem Schnitzwerk versehenen Grabkapellen bedeutender Rostocker Familien in den Seitenschiffen, darunter auch die so genannte Mann'sche Kapelle. Zwei Kirchenfenster, gestiftet vom Kirchenvorsteher und Kommerzienrat August Friedrich Mann (1822-1908), zeigen Bildnisse der Familie und das Mann-Haus am Rostocker Markt. Bei der Stifterfamilie handelt es sich um den Rostocker Zweig der Schriftstellerfamilie Mann. Die Vorfahren der berühmten Romanautoren Thomas

ROSTOCK ST. MARIENKIRCHE
Die bedeutendste Kirche der Stadt

Rostock St. Marienkirche
Die so genannte Mann'sche Kapelle

Rostock St. Marienkirche
Das Heinen'sche Erbbegräbnis

und Heinrich Mann nämlich stammten aus Rostock. Sie lebten als Schneider, Kaufleute und Beamte in der Hansestadt. Johann Siegmund Mann war es, der 1775 von Rostock nach Lübeck ging, um dort seine Lehre als Kaufmann zu beginnen. Er ist der Stammvater des Lübecker Zweiges. In Rostock selbst leben heute keine Nachfahren der Familie Mann mehr. Der letzte, Amtsvorsteher Ludwig Mann, starb 1938. Das Stammhaus der Rostocker Manns wurde im Krieg zerstört. Es stand am Neuen Markt 3, dort, wo sich heute die Post befindet.

Ursprünglich war die Mann'sche Kapelle die der Schusterzunft. Deshalb wird sie auch „Schusterkapelle" genannt. Ein altes Handwerksschild mit dem Stiefel als Zunftzeichen an der Wand erinnert daran.

Die Kapelle daneben ist das Heinen'sche Erbbegräbnis. Als einzige enthält sie heute noch Sarkophage. Albrecht Christoph v. Heinen war ein hoher Militär. Ein Gerippe hat es sich über dem Eingang zu seiner Gruft gemütlich gemacht.

Eine besondere Attraktion in der Marienkirche ist die astronomische Uhr im Chor. Ihre ältesten Teile stammen aus dem Jahr 1379. 1472 wurde sie umgebaut und erhielt ihre jetzige Form. 1641/43 wurde die Uhr überholt, das Figurenspiel verändert und ein Glockenspiel hinzugefügt. Jeden Tag um 12 Uhr mittags und um Mitternacht laufen die Apostelfiguren um den segnenden Jesus herum. Vor Judas aber, der zuletzt an der Reihe ist, schließt sich

Rostock St. Marienkirche
Ein riesiges Kirchenschiff, das Raum für 200 Einfamilienhäuser bieten würde

Rostock St. Marienkirche
Astronomische Uhr

Rostock St. Marienkirche
Vogel auf dem Deckel des Taufbeckens

die Tür. Er muss draußen bleiben. Das Kalenderblatt der Uhr reicht noch bis zum Jahre 2017. Bereits 1643 war das Kalenderblatt erneuert worden, dann noch einmal 1885.

Im Chor hängt ein Schiffsmodell des Fregattschiffs Carl Friederich von 1840. Wahrscheinlich handelt es sich ursprünglich um ein Werftmodell, das zur Veranschaulichung eines Neubauvorhabens angefertigt wurde. Vier Planken sind herausnehmbar, sie ermöglichen einen Blick in den Salon, der mit Biedermeiermöbeln ausgestattet ist.

Beinahe ebenso alt wie die Kirche, die 1232 erstmals urkundlich erwähnt wird, ist die Bronzefünte von 1290. Sie stellt das Gegenbild zum Turm zu Babylon dar. Denn während dieser bekanntlich von hybriden Ausmaßen war und daher einstürzte, fußt das Taufbecken solide auf den vier Elementen: Feuer, Wasser, Erde und Luft. Das Becken und der Deckel sind geschmückt mit Szenen aus dem Neuen Testament. Oben auf dem Deckel thront ein Adler, das Symbol Christi. Der gedrungene Körper allerdings wirkt wenig adlerhaft, für manche ist es eher der Leib einer Taube. Andere dagegen sehen statt eines Adlers eindeutig eine Möwe. Vielleicht hat der Rostocker Handwerker, der die Figur anfertigte, die in der Stadt allgegenwärtigen Schreivögel tatsächlich zum Vorbild genommen. Im Jahr 1290 wurde auch die heute ebenfalls in der Kirche ausgestellte Glocke gegossen. Sie gilt als zweitälteste Mecklenburgs.

Natürlich gibt es in der Marienkirche auch bedeutende Altäre. Zum einen eine Tafel des Marienaltars, der um 1430 bis 1440 entstanden sein muss. Sie hängt in der südlichen

Vorhalle. Dargestellt sind Szenen der Geburt und der Passion Christi. Vielleicht noch beeindruckender ist der Hochaltar aus der Nikolaikirche, der jetzt hier aufbewahrt wird, ein herrliches Beispiel nordischer Altarkunst des 15. Jahrhunderts. Die hölzernen Heiligenfiguren auf goldenem Grund strahlen auf anrührende Weise das kindliche Glaubensverständnis der damaligen Zeit aus. Die Figur des heiligen Nikolaus, dem Namensgeber der Nikolaikirche, fehlt leider. Sie ist im Krieg abhanden gekommen. Erwähnenswert ist auch der Rochusaltar von 1525/30, ein seltenes Stück, gestiftet von den Barbieren und Ärzten der Stadt. Der heilige Rochus galt als Patron gegen Pest und andere Seuchen. Der Altar ist unbemalt und mit einer Figur der apokalyptischen Madonna versehen: eine Marienfigur, die auf einer Mondsichel steht.

An der Nordseite der Westwand des Kirchenschiffs hängt das so genannte Hochzeitstuch aus dem 16. Jahrhundert. Es handelt sich um eine Stickerei, die ein Brautpaar darstellt und stammte wohl aus wohlhabenden Rostocker Bürgerkreisen.

Trotz aller Vielfalt: Ganz fertig ist die Marienkirche bis heute nicht. Errichtet in der Blütezeit der Hanse, sollte sie mit der Lübecker Marienkirche konkurrieren, mindestens ebenso groß und schön werden. Im März 1398 jedoch, als die Vollendung des Gotteshauses in greifbare Nähe gerückt war, stürzte der Stolz der Rostocker teilweise ein, heißt es in der Literatur immer wieder. Untersuchungen des Mauerwerks ergaben indes keinen Nachweis für diese Legende. Dennoch: Der Untergrund, vermuten Experten, war einfach nicht tragfähig genug für die ursprünglichen, hochstrebenden Pläne der Erbauer. In das

ROSTOCK ST. MARIENKIRCHE
Der Rochusaltar, gestiftet von den Barbieren und Ärzten der Stadt

hohe Langhaus wurde ein für mehr Stabilität sorgendes Querschiff eingezogen. Auch die als Doppelturmanlage geplante Westfassade blieb unvollendet. Deshalb wirkt sie sehr massiv und vergleichsweise niedrig. Auch die ins Unermessliche steigenden Kosten mögen ein Grund dafür gewesen sein, dass die Türme nicht höher gen Himmel ragen. Um 1430 war die Westfassade fertig gestellt.

An der Westfront des Turmes befindet sich in 35 Metern Höhe ein Fries von 14 Heiligenfiguren. Sie scheinen aus der ersten Bauphase um 1230 zu stammen, wären also 200 Jahre älter als die Westfront. Vielleicht waren sie ursprünglich an anderer Stelle eingebaut und wurden dann wieder verwendet. Es wird vermutet, dass sie die 14 reichen Brüder darstellen, die der Legende nach für den Bau der Kirche in ihrer Heimatstadt gesorgt haben.

Die Marienkirche ist ein Stück Stadtgeschichte, doch in ihr wurde auch Geschichte geschrieben: Im Herbst 1989 war sie Ausgangspunkt der friedlichen Demonstrationen gegen das SED-Regime. Über 2000 Menschen versammelten sich in dem riesigen Kirchenschiff, um von hier durch die Stadt zu ziehen. Die Wende schließlich bedeutete auch für die Marienkirche die Rettung. Seit 1992 sind grob gerechnet fünf Millionen Euro in die Sanierung geflossen. Aufgrund der Größe der Kirche muss ihre Restaurierung langsam vonstatten gehen: 200 Einfamilienhäuser würden in sie hineinpassen, selbst die Sanierung eines einzelnen Gewölbes bekommt da enorme finanzielle Dimensionen. Bis heute verschlingt die Erhaltung der großartigsten Backsteinbasilika Rostocks rund eine halbe Million Euro pro Jahr.

Info

BESICHTIGUNG Oktober bis April Mo-Sa 10-12.15 Uhr und 14-16 Uhr, So 11.15-12.15 Uhr. Mai bis September Mo-Sa 10-18 Uhr, So 11.15-17 Uhr. Die Besichtigungszeiten können sich kurzfristig ändern

PFARRAMT Ev.-Luth. Innenstadtgemeinde Rostock Am Ziegenmarkt 4 18055 Rostock Gemeindebüro Fon 0381 492 33 96

LAGE Die Marienkirche befindet sich unweit vom Neuen Markt

ANFAHRT Über die Lange Straße (Parkmöglichkeiten) oder zu Fuß über den Marktplatz bzw. die Kröpeliner Straße

Tipp

Auf dem Hof des gegenüberliegenden Pfarrbüros befinden sich eine evangelische Buchhandlung und ein kleines Café. Sehenswert sind auch die Bürgerhäuser am Markt und an der Kröpeliner Straße

ROSTOCK ST. JAKOBIKIRCHE

Die mittelalterliche Jakobikirche steht nicht mehr. Sie gehörte zu den großen Zeugnissen der Backsteingotik in Rostock.

Bereits um 1280 begann der Bau dieser im Gegensatz zur Marienkirche vielteiligen und feingliedrigen Stadtkirche. Ihr Äußeres war von der englischen Kathedralgotik des 13. Jahrhunderts beeinflusst. 1329 wurde der Chor erstmals erwähnt, der charakteristische Westturm war um 1430 vollendet.

Seit 1486/87 besaß St. Jakobi ein von den mecklenburgischen Herzögen eingesetztes Domstift. Hintergrund war, dass die Herzöge in der nach Selbständigkeit strebenden Stadt wieder Fuß fassen wollten. Am 12. Januar 1487 wurde das Domstift unter großem Gepränge in Gegenwart der Herzöge Magnus und Balthasar (ihre Standbilder haben sich im Doberaner Münster erhalten) errichtet. Zwei Tage darauf führte die Empörung darüber in der Bürgerschaft zu einer Revolte. Aufgebrachtes Volk demolierte das Chorinnere und erschlug den soeben zum Domprobst ernannten herzoglichen Rat Thomas Rohde. Die Herzöge verließen eiligst die Stadt. Im Juli schon waren Magnus und Balthasar wieder da: mit einem großen Heer. Doch am 17. August wurden sie von den Rostockern entscheidend geschlagen, Herzog Magnus selbst wurde verwundet und Balthasar das Pferd unter dem

ROSTOCK ST. JAKOBIKIRCHE
Historische Luftaufnahme, ca. 1930

Leib erstochen. Nach langwierigen Verhandlungen schließlich wandelte sich 1491 die Stimmung in der Bürgerschaft. Hans Runge, einer der Hauptanführer des Aufstandes, wurde verhaftet und im Gefängnis enthauptet. Rostock erkannte das Domstift an und huldigte seinen Landesherren. Das Domstift bestand dann bis zur Reformation.

Im Zweiten Weltkrieg wurde St. Jakobi weniger stark beschädigt als St. Petri und St. Nikolai. Dennoch wurde die bedeutende Stadtkirche nicht wieder aufgebaut. Im Gegenteil: Am 13. Januar 1947 ordnete die russische Besatzungsmacht die Sprengung eines nahe gelegenen Bunkers an – die Mauern der Jakobikirche stürzten ein.

Trotz aller Bemühungen der Evangelisch-Lutherischen Landeskirche um den Erhalt des bedeutenden Kulturdenkmals wurden die Reste in den folgenden Jahren immer weiter zerstört. 1958 wurden Langhaus und Chor abgetragen, 1960 der Turm in wochenlanger Arbeit mit Presslufthämmern dem Erdboden gleichgemacht. St. Jakobi, einst von der wohlhabendsten Kirchgemeinde Rostocks errichtet, passte wohl nicht in die Pläne vom Wiederaufbau eines sozialistischen Rostock. In unmittelbarer Nähe der als stalinistische Prachtmeile neu errichteten Langen Straße war für das Gotteshaus aus der Hansezeit kein Platz mehr.

Der Jakobi-Kirchplatz ist bis heute unbebaut. Er ist 2003 und 2004 neu gestaltet und mit Gedenktafeln versehen worden. Heute präsentiert er sich als ruhige Insel am Rande des Rostocker Einkaufs-Boulevards, der Kröpeliner Straße. Die Steine der Jakobiruine wurden unter anderem für den Bau der St. Johanniskirche im Barnstorfer Wald verwendet.

Info

BESICHTIGUNG Der Jakobikirchplatz ist von November-März Mo bis So 9-18 Uhr und von April-Oktober Mo bis Do 8-22 Uhr und Fr bis So 8-24 Uhr geöffnet

LAGE Zu Fuß vom Universitätsplatz die Kröpeliner Straße hinunter bis zur Pädagogienstraße, wo links der Jakobikirchplatz als Grünfläche gestaltet ist

ANFAHRT Mit dem Auto gelangt man von der Langen Straße (Parkmöglichkeiten) ebenfalls auf die Pädagogienstraße. In der Pädagogienstraße befindet sich auch die Zufahrt zu einem Parkhaus

Tipp

Kröpeliner Tor, mittelalterliches Stadttor, entstanden im 13. Jahrhundert. Beherbergt das Heimatmuseum

ROSTOCK ST. PETRIKIRCHE

Neben St. Marien und St. Nikolai ist die Petrikirche eine der drei bedeutenden Stadtkirchen Rostocks.

1218 wird Rostock zur Stadt erhoben. Schon damals muss es einen Vorgängerbau der Petrikirche gegeben haben. 1232 bestand die Gemeinde St. Marien, 1260 die von St. Jakobi.

In ihrer heutigen Form aber entstand die Petrikirche, geweiht dem Schutzpatron der Fischer, Anfang des 14. Jahrhunderts. Sie ist eine dreischiffige Backsteinbasilika mit grazilem Chor und einem auffällig hohen, schlanken Turmhelm. In dieser Kirche predigte der bedeutende Reformator Joachim Slüter (1490-1532). Slüter hatte 1516 in Rostock studiert und war noch in der Ausbildung, als es Herzog Heinrich gefiel, den von ihm geschätzten Arzt Rembert Giltzheim zum Pastor von St. Petri zu ernennen. Seine theologische Ausbildung wollte dieser noch nachholen. 1520 aber heiratete er, so dass die Pfarrstelle vakant blieb. Slüter sprang ein. Ab 1523 predigte er regelmäßig in der Petrikirche – und zwar auf Plattdeutsch. Die Rostocker, die bislang nur für sie unverständliche lateinische Predigten kannten, kamen in Scharen. Die Kirche fasste die Menge nicht mehr, so dass Slüter kurzerhand im Freien predigte. 1531 wurde in Rostock die Reformation eingeführt, im Jahr darauf starb Slüter. Angeblich wurde er vergiftet. Das zumindest steht auf seinem Grabmal, das sich an der Nordseite der Kirche unweit vom Chor befindet. In St. Petri hängt ein Gemälde, dass ihn als schwarzhaarigen, bärtigen Mann zeigt. Slüter soll tatsächlich schwarzhaarig gewesen sein. Wie er aber wirklich aussah ist nicht bekannt, denn eine zeitgenössische Abbildung existiert nicht: Das Gemälde in der Petrikirche stammt aus dem 19. Jahrhundert. Gewiss ist die zeitige Einführung der Reformation Slüters Überzeugungskraft zu verdanken. Im Land Mecklenburg setzte sich die Lehre Luthers erst 1549 durch.

ROSTOCK ST. PETRIKIRCHE
Auffällig ist der hohe, schlanke Turmhelm

Auch die Petrikirche wurde im Krieg teilweise zerstört, Orgel und Altar verbrannten. Nur das Gewölbe des Nordschiffs blieb erhalten. Dort fanden zunächst die Gottesdienste statt. 1954/58 wurde die Kirche wieder hergestellt. Die hohen, schmalen Chorfenster stammen von dem Rostocker Restaurator und Glasmaler Lothar Mannewitz (1962/63). Das abgetrennte Südschiff erhielt eine Zwischendecke und wird seit 1957 sowohl von der Kirchgemeinde als auch von der Studentengemeinde genutzt. Der Turm blieb vorerst Ruine. 1989 schließlich begann nach einem Aufruf in der Rostocker Ostsee-Zeitung eine große Spendenaktion, die sechs Millionen Mark einbrachte. Eine weitere Million holte die Kirchgemeinde sich von der Bank, so dass der Turm von 1992 bis 1994 in alter Schönheit wieder aufgebaut werden konnte. Seit 1996 fährt ein Fahrstuhl zur obersten Etage des 117 Meter hohen Turmes. Von dort bietet sich ein einmaliger Rundumblick auf Rostock und die Umgebung.

Im Mittelschiff sind drei Epitaphgemälde der kinderreichen Familie von Sparlink aus dem 17. Jahrhundert zu sehen. Drei Schiffsmodelle hängen von der Decke. Darunter das der Fregatte „Gewissheit" von 1769. Es ist das älteste erhaltene Schiffsmodell Mecklenburgs. Das Bronze-Taufbecken wurde 1512 von dem Rostocker Andreas Ribe gefertigt, das Westportal 1999 von dem Mecklenburger Bildhauer Jo Jastram neu gestaltet.

Info

Besichtigung April bis Oktober täglich 10-17 Uhr, November bis März täglich 10-16 Uhr

Pfarramt Ev.-Luth. Innenstadtgemeinde Rostock Am Ziegenmarkt 4 18055 Rostock Fon 0381 492 33 96

Anfahrt Die Petrikirche befindet sich am Alten Markt. Von der Straße Am Strande (B 105) am östlichen Ortsausgang rechts in die Slüterstraße abbiegen

ROSTOCK ST. NIKOLAIKIRCHE

Das auffälligste an St. Nikolai sind die Wohnungen im Dachstuhl. Sie entstanden zu DDR-Zeiten aus der Not an Wohnraum – die Kirche diente im wahrsten Sinne des Wortes als Zuflucht.

St. Nikolai ist eine fünf Gewölbejoche lange Hallenkirche aus der zweiten Hälfte des 13. Jahrhunderts, einer Zeit, in der es den Rostockern wirtschaftlich so gut ging wie nie wieder. Studien belegen, dass die Hälfte des damals erwirtschafteten Bruttosozialprodukts in den Kirchenbau gesteckt wurde. Die Nikolaikirche ist dem heiligen Nikolaus gewidmet, Patron der Seefahrer und Kaufleute.

Im südlichen Joch befindet sich eine Gruft der Familie von Moltke. An der nördlichen Westwand hat sich der Rest einer Wandmalerei aus dem 15. Jahrhundert erhalten, die heilige Kümmernis darstellend. Der Legende handelte es sich um eine portugiesische Prinzessin, die sich zum Christentum bekehrt hatte. Als ihr Vater sie mit einem Heiden verheiraten wollte, bat sie Gott, dass ihr ein Bart wachsen möge. So entstellt wurde sie auf Befehl ihres wütenden Vaters am Kreuz hingerichtet. Ihre Darstellungsweise dürfte durch das seit dem 11. Jahrhundert in Lucca/Italien verehrte Gnadenbild des Volto santo angeregt sein, doch ist bei der Kümmernis-Kreuzigung jene sagenhafte Heilige gemeint. Die so genannte „Spielmannslegende", die Bestandteil der Verehrung des Volto santo ist, wurde ebenfalls auf die Volksheilige übertragen. Berichtet wird von einem armen Musikanten, dem das Kreuzbild einen goldenen Schuh als Geschenk überlässt. Wegen des Besitzes einer solchen kostbaren Reliquie angeklagt, lässt sich der Spielmann erneut vor das Kümmernis-Kreuz führen, wo sich das Wunder wiederholt. Dieser einst populäre Volksglauben, hinter dem sich die Verehrung des jungfräulichen Ideals verbirgt, lässt sich seit 1350 im südwestlichen, nördlichen und mittleren Europa feststellen.

Die Baugeschichte der Nikolaikirche ist wechselvoll. Bei einem schweren Sturm im Jahre 1703, der auch andernorts Kirchen beschädigte – so die Nikolaikirche in Wismar – stürzte der Turm ein. In einer bescheideneren Form wurde er wieder aufgebaut. 1942 brannte die Kirche aus, nur der Chor blieb unversehrt. 1974 erhielt die DDR-Regierung Finanzmittel für den Wiederaufbau der Kirchen aus dem Westen, die in Form von Baumaterial an die Mecklenburgische Evangelische Kirche weitergereicht wurden. Den Rostocker Kirchgemeinden fehlten zu dieser Zeit Versammlungsräume, Büros und Wohnungen. Damals entstand die Idee, die Nikolaikirche zu einem kirchlichen Zentrum auszubauen. Die Halle sollte Versammlungsstätte werden, im Turm sollten Büros und im Dach Wohnungen für pensionierte kirchliche Mitarbeiter entstehen. Die Ruheständler mussten bis dahin aufgrund des Wohnungsmangels in der Stadt häufig in Pfarrhäusern auf dem Land untergebracht werden, fernab von Geschäften und medizinischer Versorgung. Da während der Bauzeit auch der Chorraum nicht mehr nutzbar war, beschloss man 1974, die Petri- und die Nikolaikirchgemeinde zusammenzulegen. Die Gottesdienste finden seither weitgehend in der Petrikirche statt, in der Nikolaikirche dafür Konzerte, Ausstellungen und gelegentlich sogar Theateraufführungen.

Schon bei der Prüfung der Statik gab es 1976 erste massive Probleme. Eine Säule brach zusammen, Teile des Gewölbes stürzten ein. Es musste gesprengt und durch eine Betondecke ersetzt werden. Diese ruht auf Betonsäulen, die mit alten Formsteinen ummauert sind.

1985 waren die West-Gelder aufgebraucht – Baustopp für die Nikolaikirche. Zwar waren die Wohnungen im Dach fertig und konnten auch genutzt werden, aber in der Halle fehlte der Fußboden und auch das Gewölbe sollte unter der Betondecke wiedererrichtet werden.

Erst 1991 konnte es weitergehen. Das Gewölbe wurde eingebaut, der Fußboden gelegt. 1994 wurde die wiedererstandene Nikolaikirche feierlich eingeweiht. Ironie des Schicksals: Wohnungen und Büros gab es inzwischen wieder genug. Dennoch werden die Dachappartements in St. Nikolai weiter genutzt. Im Turm hat der Landessuperintendent sein Büro.

Info

BESICHTIGUNG Mi bis So 13-17 Uhr

PFARRAMT Ev.-Luth. Innenstadtgemeinde Rostock Am Ziegenmarkt 4 18055 Rostock Fon 0381 492 33 96

ANFAHRT Von der Petrikirche über den Alten Markt und die Altschmiedestraße
Von der Straße Am Strande (B 105) auf die Grubenstraße bis zur Viergelindenbrücke, dort links auf den Nikolaikirchplatz
Von der Steinstraße zwischen Hotel Sonne und Marktplatz rechts auf die Große Wasserstraße, auf die Grubenstraße an der Viergelindenbrücke vorbei (links) und gleich rechts auf den Nikolaikirchplatz

Tipp

Viergelindenbrücke, alte Holzbrücke über die Straßenbahnschienen an der Grubenstraße, heute durch eine Stahlkonstruktion nachempfunden
Kuhtor, Rostocks ältestes Stadttor, erbaut 1260/62 und Teil der mittelalterlichen Stadtmauer. Rechts von der Viergelindenbrücke sichtbar

ROSTOCK ST. NIKOLAIKIRCHE
Mit Wohnungen und Büros im Dachgeschoss

ROSTOCK ST. MICHAELISKIRCHE

Die Michaeliskirche wird heute u. a. als Bibliothek genutzt. Sinnvoll – stand hier doch die erste Buchdruckerwerkstatt Rostocks.

Im Jahre des Herrn 1462 kamen die „Brüder vom gemeinsamen Leben" nach Rostock. Von Münster in Westfalen waren sie aufgebrochen, um in der fernen Hansestadt an der Ostsee ein neues Kloster zu bauen. An der Stadtmauer ließen sie sich nieder, auf einem Grundstück, das ursprünglich dem Kloster zum Heiligen Kreuz gehörte. Die „Brüder vom gemeinsamen Leben" waren ein für die damalige Zeit moderner Orden, eine humanistisch geprägte Bruderschaft, bestehend aus Klerikern und Laien. Anders als „richtige" Mönche brauchten die Mitglieder kein Gelübde abzulegen. Als besonderes Zeichen des Fortschritts brachten sie das Geheimnis des Buchdrucks mit in die Stadt: Ab 1476 betrieben sie die erste Druckerei Rostocks. Ihr erstes Buch waren die Werke des Lactantius (Lactancii opera), die Neuausgabe eines lateinischen Klassikers. Bis heute wird ein Exemplar in der Universitätsbibliothek aufbewahrt, die sich passenderweise im ehemaligen Klostergebäude der Brüder befindet.

Schon bald gelangten die „Brüder vom gemeinsamen Leben" zu Wohlstand, denn sie betrieben unter anderem ein Altersheim. Durch Erbschaften von alleinstehenden, wohlhabenden Rostockern, die bei ihnen Aufnahme gefunden hatten, konnten sie ihr Vermögen erheblich vergrößern.

Ab 1480 bauten sie ihre eigene Kirche. Am 27. September 1488, dem Michaelistag, wurde sie geweiht und hieß fortan Michaeliskirche. 1502 wurde der Anbau fertig, das Wohn- und Arbeitshaus für die Michaelisbrüder, wie sie nun genannt wurden. Mit Einführung der Reformation, als die katholischen Orden aufgelöst wurden, war auch ihr Schicksal besiegelt. Zwar durften die Michaelisbrüder zunächst weiter ihr Kloster betreiben, da sie viel Gutes für die Stadt getan hatten. Zum Beispiel hatten Sie unentgeltlich lateinischen und deutschen Schulunterricht erteilt. Zudem besaßen sie Einfluss: Ihr Prior, Heinrich von Arsenius, war in dieser Zeit Rektor der Universität. Die Aufnahme neuer Brüder wurde jedoch untersagt. Das Kloster samt Kirche fiel daher mit dem Tod des letzten Bruders schließlich an die Stadt und wurde 1559 der Universität übergeben. Die Räume wurden als Mensa, für Vorlesungen und später als Wollmagazin genutzt.

Von 1900 bis zum Ende des Zweiten Weltkrieges befanden sich ein Umspannwerk und die Garage der städtischen Müllabfuhr im Haus. 1942 zerstört, begannen Flüchtlinge aus Ostpreußen und Hinterpommern ab 1952 mit dem Wiederaufbau der Kirche, der 1956 abgeschlossen war. Die Flüchtlinge gehörten der Methodistengemeinde an, die die Kirche für 99 Jahre von der Stadt pachtete. Der Anbau wurde wieder von der Universität genutzt.

Nach der Wende wurde der Universitätsteil an das Land übergeben, das acht Millionen Mark in die Sanierung des Gebäudes steckte. Auch die Außenmauern und das Dach der Kirche wurden instand gesetzt

Rostock St. Michaeliskirche
Der heute als Bibliothek genutze Bau beherbergte einst die erste Druckerei Rostocks

Die Ausstattung der Kirche ist bescheiden. Im Untergeschoss befindet sich ein schlichter Gemeinderaum, der auch von der reformierten Gemeinde genutzt wird. Diese hat nur sechs Mitglieder, überwiegend aus Ostfriesland zugezogen. In der oberen Etage wird das eigentliche Kirchenschiff sichtbar. Das Altarbild aus farbigem Zement ist ein Sgraffito des Greifswalder Künstlers Heinz Becker von 1956. Becker war damals damit beauftragt, in der Krämerstraße unweit vom Rathaus die Wände neu errichteter Wohnhäuser mit Szenen aus dem Arbeitsleben zu schmücken. Das Altarbild gestaltete er nebenbei, in „Schwarzarbeit". Es zeigt Jesus beim Abendmahl mit sechs Jüngern.

Info

Besichtigung Besichtigung auf Anfrage bei der Methodistengemeinde

Pfarramt Methodistengemeinde Laurembergstraße 27 18059 Rostock
Fon 0381 200 36 86

Lage Die Michaeliskirche befindet sich in der Altbettelmönchstraße 3

Anfahrt Von der Steinstraße in Richtung Bahnhof, rechts in die Wallstraße einbiegen, dann wieder rechts in die Rungestraße. Dort gibt es einen Parkplatz
Zu Fuß vom Universitätsplatz in die Rungestraße oder von der Kröpeliner Straße durch den Rostocker Hof (Rückseite)

ROSTOCK UNIVERSITÄTSKIRCHE

Die Universitätskirche oder Heilig-Kreuz-Kirche ist die letzte erhaltene Kirche eines geistlichen Ordens in Rostock.

Sie gehörte zum Zisterzienser-Nonnenkloster zum Heiligen Kreuz. Um 1270 wurde das Kloster dank einer Stiftung der dänischen Königin Margarethe, einer gebürtigen Mecklenburgerin, gegründet. In der ersten Hälfte des 14. Jahrhunderts wurde die Kirche als schlichte, turmlose, dreischiffige Stufenhalle erbaut. „Ein Bau von einer gewissen lebensfremden Abstraktheit, blaß wie ein Nonnengesicht", urteilt der Schweriner Kirchenhistoriker Karl Schmaltz 1927.

Nach der Wende präsentierte sich der gotische Bau mit undichtem Dach und feuchten Wänden. Die Kunstschätze im Inneren waren durch eine undichte Luftheizung stark verrußt, der Gesamteindruck des Raumes durch den Einbau eines Konzertpodiums aus Beton stark gestört. Ab 1992 begann das Landesbauamt mit einer umfassenden Restaurierung. Zunächst wurde das Dach erneuert, eine Schwammbekämpfung durchgeführt und die Fundamente von außen renoviert. 1996/97 rückten die Handwerker den feuchten Wänden zu Leibe und sanierten die Fassade. Die Fenster wurden rekonstruiert, der Treppenturm neu aufgebaut. Anschließend zeigten sich Risse im Chorraum, das Gewölbe drohte einzustürzen,

ROSTOCK UNIVERSITÄTSKIRCHE
Die letzte erhaltene Ordenskirche Rostocks

ROSTOCK UNIVERSITÄTSKIRCHE
Die Glasfenster wurden in Tirol gefertigt

so dass die Renovierung sich weiter hinzog. Im Frühjahr 2000 schließlich wurde die Kirche von innen eingerüstet und für vier Jahre geschlossen. Der Fußboden wurde aufgenommen und ausgeschachtet, das freigelegte Mauerwerk mit einer Nässeschutzschicht versehen, eine neue Fernwärme-Heizung eingebaut. Zugleich widmeten sich die Restauratoren den verschiedenen Putzschichten. Sie legten Gewölbemalereien aus vorreformatorischer Zeit frei, stellten die Fugenbemalung wieder her und sicherten im übrigen den Zustand, in den die Gewölbeverzierungen bei der letzten großen Renovierung 1898/99 versetzt worden waren. Die Kunstschätze, darunter der aufwändig gearbeitete Hochaltar – im 15. Jahrhundert in einer Rostocker Werkstatt hergestellt – und die ebenso alte Kreuzigungsgruppe wurden 2004 ebenfalls restauriert. An der Christusfigur des Triumphkreuzes ist eine Reliquie angebracht: Ein in Metall eingefasster Bergkristall, unter dem sich auf einem Kreuz aus Goldplättchen Splitter des heiligen Kreuzes befinden. Der Hochaltar zeigt neben Szenen aus dem Marienleben rechts außen eine seltene, sogenannte Mühlenallegorie: Die Evangelisten schütten aus Vasen ihre Schriften in die von den Aposteln bewegte Mühle, davor fangen kniende Kirchenväter das „lebendige Brot" in einem Kelch auf. Nur sieben dieser „Mühlenaltäre" gibt es in Deutschland, vier davon in Mecklenburg-Vorpommern (Bad Doberan, Retschow, Tribsees).

Über dem Eingang an der Südseite eine weitere Hinterlassenschaft der Familie Mann (siehe auch Marienkirche) in Rostock. Es handelt sich um ein mehrteiliges Fenster, das die Grablegung Christi zeigt, eine Tiroler, in Innsbruck gefertigte Glasmalerei. Albertine Mann, eine entfernte Tante des Lübecker Schriftstellers Thomas Mann, hat das Fenster 1901 gestiftet. Albertine Mann war Angehörige des Klosters zum Heiligen Kreuz und leitete seit 1917 als so genannte Domina das Stift.

Die Kirche präsentiert sich als Teil der mit Refektorium und Klausurgebäuden komplett erhaltenen Klosteranlage, die unmittelbar an der Stadtmauer liegt und direkt an die historischen Universitätsgebäude angrenzt.

Info

BESICHTIGUNG Die Öffnungszeiten der Universitätskirche richten sich nach denen des Museums im Kloster zum Heiligen Kreuz Fon 0381 45 59 10

ANFAHRT Auto am besten an der Langen Straße oder im Parkhaus Altbettelmönchstraße stehen lassen und zu Fuß bis zum Universitätsplatz. Neben dem Universitätsgebäude liegt das Kloster samt Kirche

Tipp

Museum im Kloster

Kempowski-Archiv, in einem der Professorenhäuser auf dem Klostergelände

Universitätsgebäude im Stile der Neorenaissance, 1870 eingeweiht

Blücherdenkmal auf dem Universitätsplatz, 1819 zu Ehren des Feldherrn Gebhard Leberecht von Blücher. Der Held der Befreiungskriege wurde 1742 in Rostock geboren und ging dort zur Schule. Die Statue stammt aus der Werkstatt von Gottfried Schadow und Christian Daniel Rauch, die Inschriften am Sockel stammen von Johann Wolfgang von Goethe

ROSTOCK ST. KATHARINENSTIFT

Von der Kirche des ehemaligen Franziskanerklosters St. Katharinen stehen nur noch Reste der Umfassungsmauern.

Das Kloster wurde 1240 gegründet. Die Kirche wird 1259 erstmals urkundlich erwähnt. Die dreischiffige Kirchenhalle wurde bei dem Stadtbrand von 1677 zerstört. Der Chor wurde 1684 neu geweiht, um 1825 aber bis unters Dach mit vier Wohn- und Speichergeschossen ausgebaut und verputzt. Von der Halle ist vor allem der untere Teil der Westwand samt Portal aus dem 13. Jahrhundert erhalten. Das ehemalige Stift wird heute von der Hochschule für Musik und Theater genutzt. Entsprechend zeigt sich hier ein Bauensemble, das historische Teile und Architekturleistungen des ausgehenden 20. Jahrhunderts gekonnt miteinander harmonieren lässt.

ROSTOCK ST. KATHARINENSTIFT
Zusammenspiel aus historischen und modernen Bauten

Info

ANFAHRT An der Straße Am Strande (B 105) befindet sich gegenüber dem Abzweig Grubenstraße neben einem Speichergebäude die Zufahrt zu einem großen Parkplatz an der Warnow. Zu Fuß die Straße überqueren zur Musikhochschule, sie befindet sich gleich hinter der alten Stadtmauer

Tipp

Bürgerhäuser in der östlichen Altstadt

ROSTOCK HEILIGEN-GEIST-KIRCHE

In der so genannten Kröpeliner-Tor-Vorstadt erhebt sich die evangelische Heiligen-Geist-Kirche. 1905-1908 wurde sie im neugotischen Stil erbaut. Als Vorbild diente die Trinitatis-Kirche in Berlin-Charlottenburg.

Von außen wirkt die Backsteinkirche, deren Grundriss die Form eines lateinischen Kreuzes hat, recht kompakt. Der Innenraum ist überraschend geräumig und mit Jugendstil-Ornamenten geschmückt. 1953 waren sie bei einer Renovierung übermalt worden, 2000 originalgetreu wiederhergestellt. Säulen aus poliertem Granit tragen die Seitenemporen. Besonders sehenswert ist die Triumphkreuzgruppe. Die Figuren der Maria und des Johannes stammen wohl nicht – wie vielfach angenommen – aus der 1818 abgerissenen Kirche des mittelalterlichen Heiligen-Geist-Spitals, sondern aus der 1831 abgetragenen Dominikanerkirche. (Das Dominikanerkloster befand sich zwischen Glattem Aal und Johannisstraße, die frühere Heiligen-Geist-Kirche dort, wo heute das Haus der Deutschen Bank an der Kröpeliner Straße steht.) Die Christusfigur soll aus einer Dorfkirche stammen. Da die Heiligen-Geist-Kirche über eine klangvolle romantische Orgel verfügt, wird sie auch gern für Konzerte genutzt.

ROSTOCK HEILIGEN-GEIST-KIRCHE
Von außen kompakt, innen überraschend geräumig

Info

KONZERTTERMINE UND BESICHTIGUNG
Auf Anfrage im Pfarramt

PFARRAMT Ottostraße 15 18057 Rostock Fon 0381 492 25 78

ANFAHRT Über die Lange Straße zum Schröderplatz, rechts zum Doberaner Platz. Dort links abbiegen auf die Wismarsche Straße und gleich wieder rechts in die Straße Am Brink. Dann links in die Niklotstraße

ROSTOCK ST. JOHANNISKIRCHE

Die Johanniskirche liegt etwas abgelegen im Barnstorfer Wald. Die liebevoll gepflegte Anlage mit vielen Rhododendrenbüschen vermittelt ein freundliches Bild.

Die Kirche wurde 1950 nach einem Entwurf des Bauhaus-Architekten Otto Bartning gebaut, der auch die Neue Kirche in Wismar schuf. Er entwickelte nach dem Krieg eine Art Fertigkirche, die in Einzelteilen versandt und überall nach dem gleichen Prinzip aufgebaut wurde. Insgesamt wurden 49 dieser „Nachkriegskirchen" gebaut, darunter in Köln, Mainz, Berlin, Essen, Wismar und eben in Rostock. Beim Bau von St. Johannis wurden Steine der zerstörten Jakobikirche verwendet. Von innen wirkt das Gotteshaus geräumig, die sichtbaren Dachbalken schaffen eine anheimelnde Atmosphäre.

Bekannt ist die St. Johannis-Kantorei, die mit über 300 Sängerinnen und Sängern eine der größten Norddeutschlands ist und im Jahr 40 bis 50 Konzertauftritte hat. Zu ihr gehören der Rostocker Motettenchor, der Figuralchor, der mit Jugendlichen besetzte Choralchor und die Kleine und Große Kurrende als Kinderchor.

Info

PFARRAMT Schliemannstraße 18 18059 Rostock Fon 0381 200 69 70

ANFAHRT Von der Langen Straße über Schröderplatz und Am Vögenteich auf den Südring (Südstadt). Am Ende des Südrings rechts auf die Satower Straße, über die Straßenbahnschienen und links auf die Tiergartenallee

ROSTOCK ST. JOHANNISKIRCHE
Eine von 49 nach dem Entwurf von Otto Bartning gebauten „Nachkriegskirchen"

ROSTOCK CHRISTUSKIRCHE

Die Sprengung der neugotischen Christuskirche zu DDR-Zeiten ist vielen Rostockern noch gut im Gedächtnis. Der Nachfolgebau besticht durch seine futuristische Dachkonstruktion.

Die Christuskirche am Häktweg ist ein Stahlbetonbau mit Klinkerausfachung, umgeben von einem kirchlichen Altersheim und Mitarbeiterwohnungen in Plattenbauweise. Sie entstand 1971 als Ersatz für die Christuskirche von 1909. An diesen Vorgängerbau, der am Schröderplatz unweit des Kröpeliner Tores lag, erinnern sich viele Rostocker mit gemischten Gefühlen. Das stolze Gotteshaus, gestaltet vom Schweriner Hofbaurat Gotthilf Ludwig Möckel und einst die größte katholische Kirche Mecklenburgs, wurde 1971 gesprengt.

ROSTOCK CHRISTUSKIRCHE
Eine Madonna aus dem 16. Jahrhundert

1969 hörte der damalige Pfarrer Klaus Schnitzler erstmals gerüchteweise von dem Plan der Stadt, die Kirche zu beseitigen. Wie schon die gotische Jakobikirche sollte auch die Christuskirche dem Ausbau der Langen Straße und des Schröderplatzes weichen. Brieflich protestierte er beim Oberbürgermeister und den Stadtverordneten. Die Stasi protokollierte genau, wer sich gegen das Vorhaben aussprach. Den ausführlichen Bericht eines Stasi-Mitarbeiters steckte ein Unbekannter eines Tages in den Briefkasten der katholischen Gemeinde. Alle Proteste halfen nichts: Am 12. August 1971 sank das neugotische Gotteshaus in Schutt und Asche. Zuvor war bereits das neben der Kirche stehende, im Villenstil errichtete Büro- und Wohnhaus beseitigt worden. Während über diese Stelle heute der Verkehr fließt, blieb der Platz, auf dem die Kirche stand, unbebaut.

Nicht nur Mitglieder der katholischen Gemeinde empfinden die Sprengung der Christuskirche als Zeichen ideologischer Willkür und Intoleranz. Die katholische Gemeinde war nach dem Krieg durch zahlreiche Flüchtlinge aus Schlesien und dem Sudetenland stark angewachsen. Hunderte von Gläubigen strömten jeden Sonntag in die Kirche und unterhielten sich nach dem Gottesdienst vor dem Portal. Auch dies mag das Missfallen der politisch Verantwortlichen erregt haben.

Rostock Christuskirche
Der Nachfolgebau der 1971 gesprengten Kirche mit seinem geschwungenen Dach

Nur das katholische Gemeindehaus blieb vom Abriss verschont, wurde aber enteignet. Schmerzvoll erlebten die Katholiken der Stadt, wie es nun vom Fachbereich Marxismus-Leninismus der Universität bezogen wurde. Ein drei Stockwerke hoher Christophorus an der Fassade war gleich nach der Übergabe entfernt und übermalt worden.

In der neuen Kirche am Häktweg sind heute noch einige Ausstattungsstücke der alten Kirche zu sehen. So das Taufbecken und eine Figur der Mutter Gottes aus dem 16. Jahrhundert. Sie stammt aus einer Lübecker Werkstatt und wurde der Gemeinde 1912 von einem Rittergutsbesitzer aus Doberan geschenkt.

Info

Besichtigung Die Christuskirche am Häktweg ist täglich von 8-19 Uhr geöffnet

Pfarramt Häktweg 4-6 18057 Rostock Fon 0381 24 23 40

Anfahrt Von der Langen Straße über den Schröderplatz auf die Straße Am Vögenteich. Rechts abbiegen in die St.-Georg-Straße, links in die Wächterstraße, dann rechts über den Borenweg auf den Häktweg

ROSTOCK GEHLSDORF

Die Gehlsdorfer Kirche wirkt von außen sehr unscheinbar, birgt aber auch ein wertvolles Triumphkreuz.

Rostock-Gehlsdorf, das Villenviertel am anderen Warnowufer, gehörte ursprünglich zur Kirchgemeinde Toitenwinkel. Als aber 1903 die Gehlsdorfer ein eigenes Schulhaus bekamen, wurde gleich ein Betsaal mit angebaut. 1913 erhielt die aufstrebende Kirchgemeinde ihre Selbstständigkeit. Ursprünglich hatte das Gebäude sogar einen Glockenturm, dieser aber wurde am 11. April 1944 bei einem Bombenangriff zerstört. Die teils geschmolzene Glocke wird im Kircheninneren aufbewahrt.

Rostock Gehlsdorf
Schlichtes Äußeres, aber wertvolle Stücke im Inneren

1948 erfolgte eine umfassende Renovierung des Schul- und Bethauses. Die benachbarte Toitenwinkeler Kirche dagegen verfiel immer mehr und wurde schließlich kaum noch genutzt. So kam es, dass 1972 Toitenwinkel der Kirchgemeinde Gehlsdorf angegliedert wurde. Das große Triumphkreuz der Toitenwinkeler Kirche, das aus dem 15. Jahrhundert stammt, wurde damals nach Gehlsdorf gebracht, wo es bis heute hängt. Hinzu kamen zwei Zinnleuchter von 1761. 1985, mit der Errichtung des Neubaugebietes Toitenwinkel, erlangte die dortige Kirchgemeinde ihre Selbständigkeit zurück.

Info

Besichtigung Auf Anfrage

Pfarramt Uferstraße 4 Rostock-Gehlsdorf Fon 0381 69 92 30

Anfahrt Straße Am Strande (B 105) in Richtung Stralsund (östlicher Ortausgang), links auf den Petridamm, dann Dierkower Damm und Gehlsheimer Straße. Die Gehlsheimer Straße mündet in die Fährstraße (Rechtskurve), dort hinter der Einmündung Toitenwinkeler Weg das Schul-/Kirchgebäude

ROSTOCK SCHMARL

Der Weidendom ist besonders im Sommer zum beliebten kirchlichen Treffpunkt geworden.

Als im April 2003 in Rostock-Schmarl die Internationale Gartenbauausstellung (IGA) eröffnete, wurde auch eine ganz besondere Kirche eingeweiht: der Weidendom. 650 Helfer aus 13 Nationen halfen, die „grüne Kirche" zu errichten. Als Baumaterial dienten im Umland geschnittene Weidenruten. Mit einer Länge von 52 Metern und einer Kuppelhöhe von 15 Metern ist der Weidendom in der vielfältig gestalteten Gartenlandschaft des IGA-Geländes nicht zu übersehen. Bauherr waren die großen christlichen Kirchen Mecklenburg-Vorpommerns und die Nordelbische Kirche. Sie brachten gemeinsam rund eine halbe Million Euro für das Natur-Gotteshaus auf. Wegen der Lichtverhältnisse wurde es nicht, wie bei Kirchenbauten üblich, in Ost-West-, sondern in Nord-Süd-Richtung errichtet. In der östlichen Apsis gibt es einen Raum der Stille, in den Besucher sich zum Gebet zurückziehen können. In der Mitte des Gebetsraums steht ein gläsernes Taufbecken, eine Arbeit des Rostocker Glasermeisters Carl-Alfred Plothe. Der Weidendom bietet Raum für Gottesdienste und Veranstaltungen, sogar Trauungen haben schon stattgefunden.

Das Naturpflanzwerk erfordert regelmäßige Pflege. Die Weidenruten müssen ständig hochgebunden und fachgerecht geschnitten werden, damit der Zauber der grünen Kirche möglichst lange erhalten bleibt.

Info

BESICHTIGUNG Der Park ist von 9 Uhr bis Einbruch der Dunkelheit geöffnet
ANFAHRT Von Rostock auf die B 103 in Richtung Warnemünde, Abfahrt Schmarl, Messegelände

ROSTOCK SCHMARL
Der Weidendom wurde anlässlich der IGA 2003 errichtet

ROSTOCK BIESTOW

Biestow hat, wie Lichtenhagen, seinen dörflichen Charakter bewahrt – obwohl es inzwischen Teil der Großstadt Rostock ist.

1298 wurde die Kirche geweiht. Ursprünglich war sie mit einem Holzturm ausgestattet. Erst 1912 wurde der jetzige steinerne Turm gebaut, in traditioneller Form. 2001 ließ die Gemeinde die Kirche restaurieren. Im Gewölbe des Altarraums kamen dabei alte Malereien zum Vorschein, die noch aus der Zeit der Erbauung stammen. 600 Jahre lang hatte sie niemand zu Gesicht bekommen, sie lagen unter dem Putz verborgen. Pfauenfeder-Ornamente sind nun wieder zu sehen, die im Mittelalter die Todsünde der Hochmut symbolisieren sollten. Im Gewölbeschluss finden sich Darstellungen von vier Erzengeln.

ROSTOCK BIESTOW
Der steinerne Turm steht erst seit 1912

Der Fußboden wurde im Jahr 2000 restauriert und mit Klosterformatsteinen ausgelegt. Auch einige der alten Grabplatten sind wieder sichtbar, darunter ist die Grabplatte des Biestower Pastors Ernst Christian Wiggers, dessen Söhne nach der Revolution von 1848 verhaftet wurden. Sohn Julius (1811-1901) war Professor der Theologie an der Rostocker Universität, Sohn Moritz (1816-1894) Advokat. Er galt als führender Kopf der mecklenburgischen Liberalen. Nach der Revolution verlor er seinen Anwaltskonzession. Er blieb Politiker und wurde später als Abgeordneter der Fortschrittspartei in den Reichstag gewählt. Nach den Biestower Pastorensöhnen ist die Wiggersstraße im Rostocker Westen benannt. Insgesamt wurden im Altarraum der Biestower Kirche 23 Bestattungen vorgenommen.

Die Glocke von Biestow stammt noch aus dem 14. Jahrhundert. Im Zweiten Weltkrieg sollte sie eingeschmolzen werden, sie befand sich schon auf dem Glockenfriedhof in Hamburg. Dann aber kam rechtzeitig das Kriegsende und die Glocke mit der Inschrift „Gegrüßet seist du Maria" kehrte nach Biestow zurück.

Das bedeutendste Ausstattungsstück der Kirche ist ein kleines, auf den ersten Blick eher unscheinbares Kruzifix (Mitte 15. Jahrhundert). Bis 1992 hing es, von mehreren Farbschichten bedeckt und wenig beachtet an der Außenseite unter dem mittleren Chorfenster.

Dann wurde die Figur gründlich restauriert. Sie ist heute am Altaraufsatz angebracht, an der ursprünglichen Stelle befindet sich nun eine Kopie.

Info

BESICHTIGUNG Auf Anfrage

PFARRAMT Am Dorfteich 12 18059 Rostock-Biestow Fon 0381 400 31 21

ANFAHRT Vom Rostocker Südring (Richtung Südstadt) links auf die Nobelstraße, rechts in den Weidengrund abbiegen. Auf den Sildemower Weg und über die Straße Am Dorfteich zur Kirche. Oder vom Rostocker Südring (nur in Richtung Zentrum möglich) in die Robert-Koch-Straße/Biestower Damm abbiegen

ROSTOCK BIESTOW
Wertvoll: Kruzifix aus dem 15. Jahrhundert

ROSTOCK LICHTENHAGEN
Feldsteinkirche hinter dem Plattenbauviertel

ROSTOCK LICHTENHAGEN

Die Feldsteinkirche im dörflichen Ortskern des Plattenbau-Vororts verfügt über eine beachtliche Anzahl bedeutender Holzfiguren.

Mit Lichtenhagen verbinden die meisten Rostock-Besucher das unter diesem Namen bekannte Plattenbauviertel. Dahinter jedoch liegt das alte Dorf Lichtenhagen mit seinen beschaulichen Reetdachhäusern und einer mittelalterlichen Kirche.

Lichtenhagen war einst ein wohlhabendes Bauerndorf und so entstand auch das Gotteshaus im 14. Jahrhundert als vergleichsweise großzügige Gewölbehalle einschließlich eines geräumigen Turms. Der Chor wurde bereits im 13. Jahrhundert erbaut. Das älteste Stück ist der Taufstein aus schwedischem Granit. Er stammt vermutlich aus dem 12. Jahrhundert. Und gibt bis heute Rätsel auf: Sechs Personen sind aus der Säule herausgemeißelt, sie stehen offensichtlich im Wasser. Eine von ihnen ist eine Frau mit Kind, die anderen haben die Hände zum Gebet gefaltet. Die Frau könnte Maria mit dem Jesuskind sein. Experten bestreiten das aber: Wieso sollte Maria im Wasser stehen?

Interessant ist auch der hölzerne Moses, der die mit Szenen aus dem Neuen Testament geschmückte Kanzel aus dem Jahr 1619 trägt. Er hat einen auffällig dicken Bauch und eine lange spitze Nase, zudem trägt er die Kleidung eines römischen Legionärs. Sein nicht sonderlich heilig wirkendes Aussehen mag der Grund sein, dass er bei der Renovierung der Kirche im 19. Jahrhundert abmontiert wurde und in einer Seitenkapelle landete, die man mit Bauschutt füllte. Erst 1974, als die Kirche restauriert und mit einer Fußbodenheizung ausgestattet wurde, fanden Arbeiter den Moses wieder, so dass er an seinen alten Platz gelangte. Die Gesetzestafeln, die er einmal hielt, sind abhanden gekommen. Eine Tafel neben der Kanzel bezeugt, welche Bauern sie stifteten. Die vorzüglich gearbeitete Pieta hat eine abenteuerliche Geschichte. Sie entstand um 1350. Im Krieg wurde diese Figur der trauernden Maria, die den toten Jesus hält, ausgelagert und schwer beschädigt. Die unendlich traurigen Augen der Maria zeugen bis heute von der hohen künstlerischen Meisterschaft dieser Plastik. Im November 2001 stahl ein unbekannter Einbrecher die Pieta. Kurz vor Weihnachten aber war die Figur wieder da – der reumütige Dieb hatte sie unerkannt zurückgebracht.

Weitere Figuren aus dem 15. und 16. Jahrhundert sind zu bewundern, sie sind auf Tafeln in der Kirche erklärt. Ende des 14. Jahrhunderts entstand das Sakramentshaus, das stilistisch in Nachfolge vom Doberaner Sakramentsturm steht. Die Wandmalereien im Chorraum sind ursprünglich mittelalterlich, wurden aber im 19. Jahrhundert entsprechend den originalen Vorlagen neu gemalt.

Info

BESICHTIGUNG Auf Anfrage
PFARRAMT Admannshäger Weg 4 18107 Lichtenhagen Dorf Fon 0381 769 85 81
ANFAHRT Von Rostock auf die B 103 in Richtung Warnemünde, Abfahrt Lütten Klein, durch Lütten Klein über Warnowallee und Lichtenhäger Chaussee auf die Dorfstraße

ROSTOCK TOITENWINKEL

Die Kirche von Toitenwinkel wurde im 19. Jahrhundert stark modernisiert und überrascht mit vielfältigen Wandbildern im Inneren.

Toitenwinkel war ursprünglich im Besitz der Familie v. Moltke, die den Ort 1262 erwarb und unter deren Ägide Mitte des 14. Jahrhunderts auch die Kirche erbaut wurde. Aus der Toitenwinkeler Linie der Familie stammt der berühmt gewordene Feldmarschall Helmuth v. Moltke (1800-1891), der aber in Parchim geboren ist, denn seit 1677 war das Gut nicht mehr im Besitz der Familie. Dennoch ist im Kircheninneren der Name Moltke präsent geblieben, zum Beispiel an der Kanzel. Einer Wappentafel am Kanzelaufgang ist zu entnehmen, dass 1601 Jürgen v. Moltke „disen Predigtstuel zu Gottes Ehren machen" ließ. Gebhard Moltke, Kanzler unter Wallenstein und Stifter des um 1610 hergestellten Patronatsgestühls, ließ sich mit seiner Frau an den Eckpfeilern desselben verewigen.

Erhalten ist auch der Grabstein des Carin Moltke. Er wurde von seinem Müller Thideke Noiting erschlagen. Auch Moltkes Gemahlin Elisabeth von Halberstadt, an die das Halbmondwappen auf dem Grabstein erinnert, nahm ein unrühmliches Ende. Sie machte sich mit dem Rostocker Notar Wilhelm Ulenoge umfangreicher Urkundenfälschungen schuldig. Ulenoge wurde deshalb am 28. März 1572 in Güstrow enthauptet. Elisabeth von Halberstadt, der trotz ihres Alters und ihrer Schwächlichkeit die Folterqualen nicht erspart blieben, wurde am 11. November des Landes verwiesen.

Die Wand- und Gewölbemalerei im Chor aus dem 14. Jahrhundert wurde bei einer umfassenden Kirchenrenovierung 1889 stark erneuert. Die Kirche baute man damals zur Basilika um. Die Kreuzform des Grundrisses allerdings war von Anfang an vorhanden. Alle Fenster wurden ausgewechselt und ein neugotischer Westturm angesetzt. Durch die reich bemalten Wände wirkt das Innere sehr eindrucksvoll. Zu sehen sind unter anderem Noahs Arche und Petri Fischzug, eine Christophorus-Darstellung und das Jüngste Gericht.

Während in DDR-Zeiten die Kirche stark verfiel, konnte der Bau ab 1996 mit Hilfe eines neu gegründeten Fördervereins umfassend restauriert werden. Die Fundamente wurden trockengelegt, die Wände ausgebessert und neu verfugt, das Dach abgedichtet. 2001 begann die Rettung der Wand- und Deckenmalereien im Altarraum, die bis 2003 andauerte. Die Aufarbeitung des Altars, der um 1480 in einer Rostocker Werkstatt entstand, sponserten Mitglieder der Familie v. Moltke.

Info

BESICHTIGUNG Auf Anfrage

PFARRAMT Krummendorfer Straße 15 18147 Rostock-Toitenwinkel Fon 0381 63 73 40

ANFAHRT Von Rostock auf der B 105 Richtung Stralsund, Petridamm Richtung Gehlsdorf, dann Dierkower Damm, rechts auf die Hafenallee, dann Weidendamm, links ab auf die Krummendorfer Straße

Foto siehe Seite 57

ROSTOCK BENTWISCH

Die Kirche von Bentwisch wirkt sehr bäuerlich und ursprünglich. Auffallend die gotischen Friedhofsportale.

Die Bentwischer Kirche entstand im 13. Jahrhundert zunächst als Holzkirche. Im 14. Jahrhundert erhielt der nachfolgende Backsteinbau sein heutiges Aussehen. Schon vor Betreten der Kirche wird der Besucher ins Mittelalter versetzt, denn der Weg zum Portal führt durch den Friedhof, der durch zwei gotische Eingangstore zu passieren ist. Ein ähnliches Tor gibt es auch in Toitenwinkel. Es gibt noch weitere Gemeinsamkeiten. Der Grund: In beiden Dörfern hatte das Kirchenpatronat die Familie v. Moltke, die also Aufttraggeber für den Kirchenbau sowie die Innenausstattung war. Im Chorraum ein vierflügeliger Schnitzaltar aus dem 15. Jahrhundert, gefertigt in einer Rostocker Werkstatt. Es ist die gleiche, aus der auch der Altar der Kirche von Toitenwinkel stammt, sowie der Altar aus Rostocks St. Nikolai (jetzt in St. Marien). Hinter dem Altar findet sich ein Wappengrabstein für Rittmeister Nicolaus v. Hühnmörder († 1698) und seine Frau Maria v. Levezow († 1708). Die bemalte Kanzel und die Empore entstanden im 17. Jahrhundert. Das Gestühl stammt übrigens aus der 1971 gesprengten katholischen Christuskirche in Rostock. 1998 wurde der Chorraum restauriert. Dabei kam hinter der Kanzel in der Wand ein Engelsgesicht aus der Erbauungszeit zum Vorschein.

Info

Besichtigung Auf Anfrage

Pfarramt Stralsunder Str. 23 18182 Bentwisch Fon 0381 68 15 01

Anfahrt Von Rostock B 105 Richtung Stralsund, hinter der Autobahnauffahrt rechts ab nach Bentwisch

Rostock Bentwisch
Weg zum Portal führt durch gotische Tore

Rostock Toitenwinkel
Im 19. Jahrhundert stark modernisiert

ROSTOCK WARNEMÜNDE

Die neugotische, rote Backsteinkirche von Rostock-Warnemünde bezeugt den Wandel des Ortes vom Fischerdorf zum Badeort.

1874 wurde die mittelalterliche Fischerkirche abgerissen, die am Alten Strom stand. Sie war zu klein geworden, genügte auch nicht mehr den Ansprüchen der teils gut betuchten Badegäste. Der Neubau entstand schon 1866/71 im Stil der Neugotik.

Das Innere jedoch steckt voller Überraschungen. 1965 nämlich holten die Kirchenältesten zahlreiche Ausstattungsteile der alten Kirche aus dem Museum in das Gotteshaus. Das neugotische Altarbild wurde auf die Orgelempore verbannt, stattdessen der spätgotische Flügelaltar von 1475 mit seinen geschnitzten Heiligenfiguren im Chorraum aufgestellt. Er stammt aus einer Danziger Werkstatt. Der Legende nach soll seinerzeit ein Schiff mit zwei Altären an Bord vor Warnemünde gestrandet sein. Zum Dank für seine Rettung

ROSTOCK WARNEMÜNDE
Auch für die Badegäste wurde der Neubau errichtet

habe der Kapitän den Dorfbewohnern einen davon geschenkt. Sollte die Sage stimmen, würde das Überleben des Kapitäns tatsächlich an ein Wunder grenzen. Denn die gestrandeten Schiffe gehörten den Fischern – freigegeben zum Plündern. Unter einer Voraussetzung: Es durfte kein Besatzungsmitglied mehr am Leben sein ...

Neben dem Altar steht eine 3,72 Meter hohe, wohl 500 Jahre alte Christophorus-Statue. Christophorus, der nach der Legende das Christuskind über einen Fluss trug, gilt unter anderem als Schutzpatron der Schiffer. Er wurde an der Küste besonders verehrt, was viele Wandgemälde beweisen. Als Plastik aber, wie in Warnemünde, ist er eher selten.

Noch älter als der Christophorus ist ein Kruzifix, es stammt vom Anfang des 15. Jahrhunderts und trägt Brandspuren, die noch von einem Feuer in der Vorgängerkirche stammen könnten.

Aus der Renaissancezeit ist die Kanzel, geschnitzt 1591 von dem begabten Warnemünder Holzschnitzer Hans Wegener. Er fertigte wohl auch das Gestühl der alten Kirche, das in Teilen erhalten und unterhalb der Orgelempore an der Wand ausgestellt ist. In der alten Kirche gab es drei Bankreihen: zwei für Frauen, nur eine für Männer. Denn die waren meist auf See. Jede Familie hatte ihren festen Platz. Davon zeugen die eingeschnitzten Vor- und Familiennamen auf den Bänken. Anneke, Geske, Tilske hießen die Frauen. Neben den Namen sind die sogenannten Hausmarken angebracht, Kreuz- und Hakensymbole, die für bestimmte Familien stehen. Mit den Hausmarken waren auch die Fischfanggeräte und andere Besitztümer gekennzeichnet.

Vor dem Altarraum hängen zwei Votivschiffe. Eines davon erinnert an den legendären Warnemünder Lotsenkommandeur Stephan Jantzen (1827-1913).

Seltsamerweise hat die Warnemünder Kirche keinen Namen. Möglicherweise war Nikolaus, der Patron der Kaufleute und Seefahrer, auch Namensgeber der alten Kirche am Strom. Denn sie war eine „filia" (Tochterkirche) von St. Nikolai in Rostock.

Info

Besichtigung Die Gemeinde bemüht sich, die Kirche mit Hilfe von ehrenamtlichen Kräften während der Saison offen zu halten. Besichtigungen sind im übrigen auf Anfrage beim Pfarramt möglich

Pfarramt Alexandrinenstraße 119 18119 Rostock-Warnemünde Fon 0381 522 51

Anfahrt Schnellstraße (B 103) von Rostock nach Warnemünde, von der Rostocker Straße über die Fritz-Reuter-Straße zur Kirche

Tipp

Kapitänshäuser am Alten Strom

ZWISCHEN ROSTOCK UND SCHWAAN

Kessin 61
Autobahnkirche Kavelstorf 62
Hohen Luckow 63
Buchholz 64
Schwaan St. Paulskirche 66

KESSIN

Der Chor der Kessiner Kirche wurde im 13. Jahrhundert aus Feldstein, das Schiff im 14. Jahrhundert aus Backsteinen errichtet.

Der Turm kam erst 1886 dazu, nachdem der ursprüngliche Holzturm im Jahr zuvor abgebrannt war. Innen ist das Schiff flach gedeckt. Bei einer Restaurierung 1977 wurden 700 Jahre alte Fresken freigelegt. Die Wände des Chores sind mit Blumenmotiven geschmückt, die Gewölbekappen mit Sternen und Kreuzen. Die Kreuzigungsgruppe auf dem Altar entstand um 1500. Weit bedeutender aber ist die Figur einer sitzenden Madonna von Ende des 13. Jahrhunderts. Sie hat Ähnlichkeit mit Madonnendarstellungen im Doberaner Münster und der Stralsunder Nikolaikirche. Die hohe Sitzfigur des heiligen Godehard stammt aus der ersten Hälfte des 15. Jahrhunderts. Godehard war ursprünglich wohl der Namensgeber des Ortes: Kessin erhielt seinen Namen vermutlich erst um 1200 von der gleichnamigen Burg. Bis dahin hieß es Godehardsdorf. Weniger spektakulär und doch berührend: Zwei Pastorenbildnisse von 1679 und 1783. Das Epitaph des Joachim Kohne stammt von 1604. Die übrige Ausstattung datiert aus dem 19. Jahrhundert.

Kessin
Im Inneren wurden 700 Jahre alte Fresken entdeckt

Info

Besichtigung Auf Anfrage

Pfarramt Neubrandenburger Str. 5 18196 Kessin Fon 038208 615 15

Anfahrt Autobahn A 19 bis Anschlussstelle Kessin, weiter auf der B 103 bis in den Ort

Tipp

Pfarrhof mit Torkaten aus dem 18. Jahrhundert nordwestlich der Kirche.

AUTOBAHNKIRCHE KAVELSTORF

Am 5. November 2000 hatte Mecklenburg-Vorpommern seine erste Autobahnkirche. Es ist die alte Feldsteinkirche von Kavelstorf, die nahe dem Autobahnkreuz Rostock liegt, etwa 1000 Meter von der Abfahrt Kavelstorf.

Ein Ort der Ruhe am Rande des hektischen Autobahnverkehrs soll sie sein, eine Raststätte für die Seele. Der Gedanke kam der Gemeinde durch den nach der Wende begonnenen Bau der Ostseeautobahn A 20, die von Lübeck bis Stettin führt und sich am Kreuz Rostock mit der A 19 nach Berlin trifft. Anders als die meisten evangelischen Kirchen in Mecklenburg, die normalerweise verschlossen sind, ist die Kavelstorfer Dorfkirche im Sinne ihrer neuen Bestimmung nun täglich geöffnet.

Im 13. Jahrhundert wurde sie erbaut, der Sage nach sind Riesen aus dem Nachbarort Hohen Sprenz daran schuld. Sie hatten Streit miteinander und bewarfen sich mit Feldsteinen. Diese türmten sich schließlich zu großen Haufen. Die alten Kavelstorfer fanden die seltsamen Steinhaufen und beschlossen, eine Kirche daraus zu bauen. Tatsache ist, dass die Kirche als Wehrkirche erbaut wurde, wovon noch der wuchtige Turm zeugt. Er sollte der Bevölkerung der umliegenden Dörfer Zuflucht bieten.

Das Interesse der Besucher wecken immer wieder die skurrilen Wandmalereien im Inneren. An der Ostseite des Altarraumes ist eine Auferstehungsszene aus der Erbauungszeit zu sehen. Ein Stück weiter ist das Fegefeuer dargestellt. Der Teufel sitzt darin und die armen Seelen strecken ihre Hände dem auferstandenen Christus entgegen.

Im Bogen zwischen Kirche und Altarraum ist eine seltsame Figur dargestellt, die beinahe wie eine Karikatur wirkt. „Yk bin en Prebeke" steht darunter. „Ich bin ein Pächter". Alten Urkunden ist zu entnehmen, dass es in Kavelstorf vor Jahrhunderten einen erbitterten Pächterstreit zu schlichten gab.

Unter dem Fußboden der Kirche befindet sich eine Gruft aus der Renaissancezeit, die von der adeligen Gutsbesitzerfamilie Vietinghoff angelegt wurde. Sie ist mit gut erhaltenen Malereien versehen: Inschriften, Engelsfiguren und dem Vietinghoff'schen Familienwappen. Die Gruft kann jedoch nicht besichtigt werden.

Info

BESICHTIGUNG Täglich von 8-20 Uhr
PFARRAMT An der Kirche 3 18196 Kavelstorf Fon 038208 242
ANFAHRT Autobahn A 19 Abfahrt Kavelstorf

Tipp

Kapelle Reez, sehenswerte Rokoko-Ausstattung (1772). Anfahrt: Von Kavelstorf in Richtung Westen nach Damm, dort links nach Reez

Foto siehe Seite 63

HOHEN LUCKOW

Die äußerlich unscheinbare, recht kleine Kirche stammt aus dem 14. Jahrhundert. Die Außenmauern wurden nach einem Brand 1934 teilweise erneuert.

Innen präsentiert sich das Schiff trotz seiner geringen Größe mit zwei Kreuzrippengewölben. Der säulengeschmückte Kanzelaltar ist von 1712, zusammen mit den noch vorhandenen Altarschranken und dem hübschen Taufengel erweckt das Ensemble einen gefälligen Eindruck. Auch die Westempore und der Orgelprospekt wirken imposant, nicht zuletzt durch die schnörkeligen Wappenschilde der v. Bassewitz und v. Bülow. Ein Epitaphgemälde aus dem Jahr 1734 zeigt Helmut Otto v. Bassewitz. Aus dem Jahr 1791 ist ein Grabstein des Konrad v. Budda erhalten.

Info

BESICHTIGUNG Auf Anfrage
PFARRAMT Pfarrhof 18246 Neukirchen Fon 038466 202 09
ANFAHRT Autobahn A 20, Abfahrt Bad Doberan. In Bölkow links ab.

Tipp

Sehenswerte Gutsanlage mit barockem Herrenhaus (1707/08)

HOHEN LUCKOW
Ein Brand beschädigte die Außenmauern

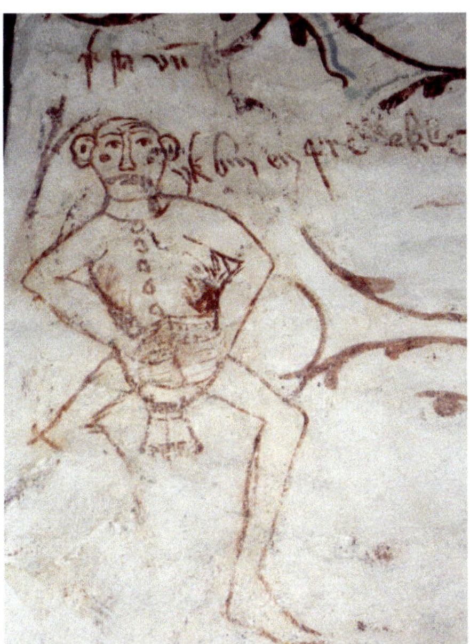

KAVELSTORF
Fast wie eine Karikatur: der „Prebeke"

BUCHHOLZ

Der neugotische Ziegelsteinbau wurde 1878 errichtet. Er fügt sich gefällig ins Ortsbild und wirkt sehr einladend.

Architekt war Georg Daniel (1829-1913), der auch das Gebäude des Mecklenburgischen Staatstheaters und den Domturm in Schwerin entwarf. Vermutlich ersetzte er in Buchholz ein mittelalterliches Kirchengebäude, das entweder baufällig geworden oder abgebrannt war. Von diesem Vorgängerbau zeugt noch ein gotisches Friedhofstor. Auch drei wertvolle hölzerne Heiligenfiguren könnten schon immer in Buchholz gewesen sein: Die eine stellt die heilige Gertrud dar und befindet sich an der Wand vor dem Altarraum, zwei weitere finden sich im Turm: Jacobus mit der Muschel und eine Figur mit ungeklärter Bedeutung.

Über den Vorgängerbau gibt es keine Unterlagen mehr, denn sie wurden im Pfarrhaus aufbewahrt, das Ende des 19. Jahrhunderts abbrannte. Das jetzige Pfarrhaus stammt aus dem Jahr 1894.

1914 brannte auch die neue Kirche ab. Sie wurde bis 1925 von den Gemeindemitgliedern unter großen Opfern wieder aufgebaut. Insgesamt elf Jahre waren die Bauern ohne Kirche, sie tauschten Getreide gegen Baumaterial. Aus dieser Zeit stammt auch das Gestühl.

BUCHHOLZ
Das gotische Friedhofstor stammt noch vom mittelalterlichen Vorgängerbau

Der kreuzförmige Innenraum wirkt hell und großzügig. Der barocke Altar und die Kanzel stammen aus der Tessiner Kirche. Diese war Ende des 19. Jahrhunderts neu gestaltet worden, so dass man die barocke Ausstattung nicht mehr benötigte. Besonders auffällig ist die rechte Altarfigur, eine Frau mit einem Vogel, der wohl eine Taube darstellen soll. Die beiden Altarfiguren sollen Liebe und Hoffnung verkörpern.

Buchholz
Hölzerne Figur der heiligen Gertrud

Die pneumatische Orgel von 1930 ist nicht mehr spielbar, sie wurde um 1990 durch ein kleines Instrument ersetzt. Die Kirche verfügt über eine sehr gute Akustik.

Auf dem Friedhof steht ein klassizistisches Mausoleum der ehemaligen Gutsbesitzerfamilie von Ziesendorf. Nach dem Krieg wurden die Särge entfernt, das Gebäude dient seither als Leichenhalle. Es wurde um 1820 errichtet, vermutlich nach Entwürfen des Architekten Carl Theodor Severin (1763-1836), der auch beim Bau der „Weißen Stadt am Meer" – Heiligendamm – mitwirkte.

Info

Besichtigung Auf Anfrage
Pfarramt Kirchenstr. 7
18059 Ziesendorf Fon 038207 221
Anfahrt Von Rostock-Südstadt in Richtung Autobahnauffahrt A 20. In Niendorf rechts ab

Tipp

Kirchenkonzerte – Termine auf Anfrage im Pfarramt

SCHWAAN ST. PAULSKIRCHE

Seit 2003 kann man das Alter der Schwaaner Kirche fast auf das Jahr genau angeben. Dendrologische Untersuchungen ergaben, dass die Dachbalken im Jahr 1254 geschlagen wurden. Die Kirche muss zwei bis drei Jahre später erbaut worden sein. Schon 1232 jedoch wird eine Kirche in Schwaan erstmals urkundlich erwähnt.

Die Kirche wirkt von außen sehr groß. Dieser Eindruck entsteht sicher in erster Linie durch den mächtigen Turm, der wohl zu Beginn des 14. Jahrhunderts angebaut wurde. Der klassizistisches Formempfinden verratende Turmabschluss entstand um 1819.

Die Schwaaner Kirche ist eine der ältesten Stadtkirchen Mecklenburgs. An den Fenstern im Chor lässt sich deutlich der Übergang von der Romanik zur Gotik erkennen. Während das Fenster auf der Nordseite noch rundbogig ist, sind die gegenüberliegenden beiden Fenster schon spitzbogig. Im Schiff fallen zwei achtteilige, dekorativ reich ausgestattete Domikalgewölbe auf.

SCHWAAN ST. PAULSKIRCHE
Der mächtige Turm bestimmt das Erscheinungsbild

1829 wurde die Kirche nach Entwürfen von Baumeister Carl Theodor Severin (1763-1836) renoviert. Die von ihm entworfene Ausstattung lässt klassizistische wie neugotische Elemente erkennen, eine Gestaltungskonzeption, die in jener Zeit für sakrale Bauaufgaben charakteristisch war. Die Säulen, Kapitelle und Architrave an Altar, Chorgestühl und Südempore weisen klassizistische Motive auf, dagegen sind der Altar und die Brüstungen von gotisierendem Maßwerk filigran geschmückt. Ursprünglich waren diese hölzernen Einbauten grau gestrichen, Ende des 19. Jahrhunderts wurden sie jedoch mit Holzimitatfarbe überpinselt. Dies gelang so täuschend echt, dass der Restaurator, der 2001 den Innneraum neu streichen sollte, das Imitat zu erhalten beschloss. Er beschränkte sich darauf, die Innenwände neu zu weißen. Gleichzeitig wurden die Fundamente trockengelegt, alles zusammen für DM 250.000.

Zu den bemerkenswerten Ausstattungsstücken zählt die um 1300 zu datierende Triumphkreuz-Gruppe. Insbesondere der Gekreuzigte erweist sich als beachtliches Werk. Es steht stilistisch den großartigen sächsisch-thüringischen Gruppen des frühen 13. Jahrhunderts nahe. Die Begleitfiguren – Maria und Johannes – sind möglicherweise jünger.

Im Kirchenschiff befindet sich auch eine spätgotische Madonnenplastik, eine so genannte „Mondsichelmadonna". Zugeschrieben wird das um 1500 gearbeitete Bildwerk dem Rostocker Schnitzer Henning Roleves. Sehenswert ist auch die kleine Votivtafel von 1598 – für Simon Hase. Die Bildnisse von Luther und Melanchthon dürften der Zeit um 1700 zuzuordnen sein.

Interesse erregt bei Besuchern immer wieder der alte gusseiserne Ofen von Sachsse und Co. in Halle, der vermutlich noch im 19. Jahrhundert gesetzt wurde und bis in die 1970er Jahre in Betrieb war. Die Ein-Zeiger-Uhr im Kirchturm wurde ebenfalls Mitte des 19. Jahrhunderts eingebaut. Sie zeigt nur die Stunden an, die genaue Zeit wurde damals demzufolge nur geschätzt. Die Uhr funktioniert noch und muss einmal die Woche aufgezogen werden.

1991/92 ließ die Gemeinde den Turm für DM 280.000 sanieren, auch die Dacheindeckung wurde erneuert, für DM 500.000.

Info

Besichtigung Auf Anfrage
Pfarramt Marienstraße 85 18258 Schwaan Fon 03844 81 37 18
Anfahrt A 20 Abfahrt Bad Doberan, über Matersen nach Schwaan

Tipp

Kunstmuseum in der alten Wassermühle, mit Dokumentation zur 1892 gegründeten Künstlerkolonie, Fon 03844 89 17 93
Öffnungszeiten: Di bis Fr 10-16 Uhr, So 11-17 Uhr, Sa 13-17 Uhr (April bis September) Feiertags 13 -17 Uhr

ZWISCHEN BAD DOBERAN UND RERIK

Bad Doberan 69
Heiligendamm Katholische Kapelle 78
Heiligendamm Evangelische Kapelle 79
Kühlungsborn 80
Rerik 82

BAD DOBERAN

Das Doberaner Münster ist die Kirche der Superlative. Doberan war das bedeutendste Kloster in Mecklenburg. Seine reichhaltige mittelalterliche Ausstattung birgt Höhepunkte liturgischer Kunst. Die in wesentlichen Teilen erhaltene zisterziensische Ausstattung gilt als einzigartig.

Bereits im 12. Jahrhundert wurde das Kloster gegründet. Der romanische Vorgängerbau der jetzigen Kirche wurde 1232 geweiht. Im 14. Jahrhundert wurde das Bauwerk in seinen heutigen Formen errichtet. Am 4. Juni 1368 war die Schlussweihe.

Als Begräbnisstätte der mecklenburgischen Fürsten genoss Doberan von Anfang an besonderen Reichtum. Insgesamt sind 56 Fürstlichkeiten in der Kirche bestattet. Der erste war Fürst Nikolaus von Rostock, als letzter ließ sich 1920 Herzog Johann Albrecht von Mecklenburg im Münster beisetzen. Gleich gegenüber vom Haupteingang, am östlichen Pfeiler des nördlichen Querbaues, befinden sich die beiden Totenstandbilder der Herzöge Balthasar und Erich. Sie starben 1507 bzw. 1508. Die Darstellung in Form von stehenden Figuren, losgelöst von der Grabstelle, ist ungewöhnlich und ein Zeichen für die beginnende Neuzeit. Im Mittelalter war es üblich, die Verstorbenen auf der Grabplatte liegend abzubilden. Die Herzöge tragen ein Turnierkostüm, Federkopfschmuck und eine Totenbinde um das Gesicht. Hinter ihnen liegt die so genannte Pribislawkapelle, so benannt nach dem Gründer des Klosters, der hier bestattet liegen soll. Tatsächlich handelt es sich wohl um die

BAD DOBERAN
Totenstandbilder der Herzöge

BAD DOBERAN
Reiterstandbild des Samuel v. Behr

Bad Doberan
Das Münster ist eine Kirche der Superlative

Grabstätte von Fürst Heinrich I. († 1302). In der Kapelle findet sich im Altarbereich ein ausdrucksvolles, um 1480 gearbeitetes Kruzifix. Die Westwand des Kapellenraumes schmückt ein Bildnis des Großherzogs Friedrich Franz I. (regierte 1785-1837), dem Gründer des ersten deutschen Seebads, Heiligendamm (1793). Sein nach Entwurf von Georg Adolph Demmler (1804-1886) gearbeiteter Granitsarkophag steht jetzt an der nördlichen Ecke der Westwand.

Geht man weiter nach rechts, also in östlicher Richtung am Chor entlang, so stößt man auf weitere, teils lebensgroße figürliche Darstellungen. Zunächst ist da das bemerkenswerte Reiterstandbild des Samuel v. Behr, der 1621 verstarb. Behr war mecklenburgischer Kanzler und Minister, außerdem Hoflehrer des ebenfalls im Münster bestatteten Herzogs Adolf Friedrich. Das prunkvolle Grabmal stammt von Franz Julius Döteber und Daniel Werner, den säulengetragenen Baldachin schuf 1626 Ghert Evert Piloot († 1629). Vor dem Reiterstandbild steht eine Plastik des Doberaner Schwans, an dem Pfeiler gegenüber hängt ein altes Hirschgeweih. Schwan und Hirsch sind die Wappentiere von Bad Doberan. Der Sage nach sollte das neue Kloster dort gebaut werden, wo bei einer Jagd des Landesherrn der erste Hirsch erlegt würde. Das geschah dann in der feuchten, sumpfigen Niederung am heutigen Ort. Wenig angetan von diesem Bauland fragten sich die Mönche, ob dieses Areal wirklich gut sei. Sie erwogen, sich doch lieber eine andere Stelle zu suchen. Da flog ein Schwan auf und schrie „Dobre, dobre!", was auf slawisch „gut, gut" bedeutet. Die Mönche fassten das als Fingerzeig Gottes auf und fanden sich mit dem Bauplatz ab.

In der Kapelle rechts neben dem Schwan das Grabmal der Königin Margarete von Dänemark, die 1282 in Rostock starb. Ihr Leichnam wurde noch in der Vorgängerkirche an einer jetzt unbekannten Stelle beigesetzt. Ihr Gemahl war einem Giftanschlag zum Opfer gefallen, deshalb reiste sie nach Rom, um sich vom Papst als rechtmäßige Regentin bestätigen zu lassen. Die Rückkehr aber scheiterte, angeblich wegen dreier schwerer Sturmfluten. In Wahrheit jedoch dürfte die Opposition in Dänemark zu stark gewesen sein. Margarete, Tochter des pommerschen Fürsten Sambor, engagierte sich nunmehr als großzügige Stifterin des Klosters Zum Heiligen Kreuz in Rostock. Ihr figürliches Grabmal (um 1285) ist das erste dieser Art in Mecklenburg. Stilistisch steht es dem durch hochgotische Kathedralenplastik beeinflussten Magdeburger Kunstkreis nahe. Auch die Standmadonna der so genannten „Marienleuchte" steht in dieser künstlerischen Tradition. Die glasierten Fliesen auf dem Boden der Kapelle stammen Teils noch aus dem Mittelalter.

In der Chorscheitelkapelle hinter dem Hochaltar präsentiert sich das wie eine Theaterbühne gestaltete Grabmal des Herzogs Adolf Friedrich (regierte 1592-1658) und seiner Frau Anna Maria von Ostfriesland (1601-1634). Die beiden sind die Herren des „Reiters" Samuel v. Behr gewesen, dem als Zeichen der Treue übrigens ein Hund zur Seite gegeben wurde. Das herzogliche Ehepaar trägt eine prachtvoll aufgemalte Kostümierung aus der Zeit des Dreißigjährigen Krieges. Die Plastiken sind aus Holz geschnitzt, die Köpfe aus Stein gemeißelt. Die ebenfalls von Döteber und Werner gestaltete Gruftanlage ist ein Werk der Spätrenaissance (1634). Aufwändig dekoriert bleiben manieristische Elemente unübersehbar.

Wenige Schritte weiter finden sich in der südöstlichen Umgangskapelle die hölzernen Grabskulpturen für Herzog Albrecht III. (regierte 1385-1388 und 1395-1412) und seine erste Frau Ricardis von Schwerin († 1377). Albrecht war 1364-1389 auch König von Schweden. Er herrschte also fast über den gesamten Ostseeraum, freilich in Abhängigkeit vom schwedischen Adel. Als Zeichen seiner Königswürde trägt er eine Krone auf dem lockigen Haar. Der Löwe zu seinen Füßen gilt als ein Zeichen der Macht, seiner Frau ist ein die Treue symbolisierender Hund beigegeben. Albrecht, der als einziger Fürst Mecklenburgs König wurde, liegt in der Königskapelle der Gadebuscher Stadtkirche beigesetzt.

Ein Zeitgenosse des Herzogs war der berühmt-berüchtigte Seeräuber Klaus Störtebeker († 1401). Dieser sollte Albrecht, der sechs Jahre in dänischer Gefangenschaft verbrachte, aus seinem Gefängnis befreien. Dazu kam es jedoch nicht. Albrecht wurde für ein Lösegeld freigekauft.

Die Reihe fürstlicher Grablegen schließt in der südlichen Umgangskapelle mit dem Mausoleum für Herzog Johann Albrecht (1857-1920). Das 1910 nach vereinfachtem Entwurf von Gotthilf Ludwig Möckel (1838-1915) gefertigte Grabmal entstand in Anlehnung an frühchristlich-byzantinische Vorbilder. Der auf Schloss Wiligrad bei Lübstorf lebende Fürst war 1897-1901 vormundschaftlicher Regent von Mecklenburg-Schwerin und Präsident der deutschen Kolonialgesellschaft.

Nicht unerwähnt bleiben darf das im Chorhaupt, unmittelbar hinter dem Hochaltar aufgeführte, so genannte Oktogon, eine Spolien, also ältere (spätromanische) Architekturteile wieder verwendende, reich gegliederte Memorialkapelle für Johann IV. (regierte 1384-1422). An den flankierenden östlichen Chorpfeilern finden sich zeitgleiche Darstellungen von drei weiteren mecklenburgischen Fürstlichkeiten, die durch gebrochene oder niedergelegte Waffen als Verstorbene gekennzeichnet sind. An einem weiteren Chorpfeiler findet sich die Memorialstatue des landesgeschichtlich hoch bedeutsamen, 1503 verstorbenen Herzog Magnus I. (regierte seit 1477). Auch hier verdeutlichen Totenbinde und Gestik, dass der Dargestellte nicht mehr unter den Lebenden weilt.

Über dem Westportal findet sich das Zifferblatt einer 1390 gefertigten astronomischen Uhr. Das Nikolaus Lilienfeld zugeschriebene Uhrwerk wurde im Dreißigjährigen Krieg zerstört.

Der Kreuzaltar mit seinem 15 Meter hohen Triumphkreuz, das in tiefem Grün die Blätter eines Weinstocks darstellen soll, ist in dieser Form einmalig. Das Kunstwerk wurde 1977/84 aufwändig restauriert. Der mit beidseitigen Bildprogrammen versehene Szenenaltar ist der älteste dieser Art in Norddeutschland. Details zeugen von einer erstaunlichen Naturbeobachtung. Der Kreuzaltar wird einer norddeutschen Werkstatt zugeschrieben. An den Flügelaußenseiten blieben Fragmente einer sehr qualitätvollen Tafelmalerei erhalten. Sie stammen wahrscheinlich von Meister Bertram von Minden († um 1415), der auch den berühmten Hauptaltar der Hamburger Petrikirche schuf (jetzt als zentrales Kunstwerk der Mittelaltersammlung in der Hamburger Kunsthalle zu sehen).

Der ehemalige Hochaltar wurde um 1320 in einer auswärtigen Werkstatt gefertigt und ist einer der ältesten Schnitzaltäre in Deutschland. Er wurde um 1360/65 erweitert und gilt in seiner urprünglichen Form als charakteristisches Glied in der Entwicklungsreihe vom steinernen Altaraufsatz zum Flüglaltar. Die so genannte Marienleuchte, ein im Chor hängendes Gehäuse (um 1425) birgt eine ältere Standmadonna (Anfang 14. Jahrhundert), die zu den frühesten dieser Art in Norddeutschland zählt. Das 11,6 Meter hohe Sakramentshaus im Chorraum wurde nachweislich aus einem Eichenstamm geschnitzt. Es stammt aus den Jahren 1360/65 und ist damit wohl das älteste erhaltene Beispiel in Deutschland. Sehr selten sind auch der Kelchschrank (um 1310) und die gegenüber stehende, ebenso alte Kredenz zum Bereiten des Weines. Zu erwähnen sind noch der Corpus-Christi-Altar (um 1320) und der so genannte Frohnleichnamsaltar (um 1330/40), die zusammen mit weiteren, oft nur noch fragmentarisch erhaltenen Nebenaltären unsere Vorstellung von der mittelalterlichen Ausstattung der ehemaligen Klosterkirche vervollständigen. Das Chorgestühl, zwei sich gegenüberstehende Reihen mit ursprünglich je 24 Sitzen für die Mönche, stammt aus dem 13. und 14. Jahrhundert.

Die Fenster des Doberaner Münsters wurden überwiegend im 19. Jahrhundert angefertigt. Nur die beiden Fenster an der Süd- und Nordseite des Mittelschiffs bestehen noch aus Originalglas des 14. Jahrhunderts. Sie unterscheiden sich durch ihre dunklere Färbung von den anderen.

Obwohl das Doberaner Münster noch nicht in die Welterbeliste aufgenommen wurde, besteht kein Zweifel an seiner kunsthistorischen Weltgeltung. Schon zu DDR-Zeiten wurde es nach dem Dresdner Zwinger und Schloss Sanssouci als drittwichtigstes Baudenkmal des Landes eingestuft, so dass immer wieder Geld für notwendige Erhaltungsarbeiten vorhanden war. Pro Jahr hat das Münster heute bis zu 200.000 Besucher.

In der Blütezeit des Zisterzienserordens lebten in Doberan 60 Mönche und 200 Laienbrüder. Die Geschichte des Klosters ist sehr wechselhaft. Schon früh entfalteten die Mönche eine umfassende Siedlungstätigkeit, gründeten die Pfarren Kröpelin, Parkentin, Steffenshagen und Rethwisch. Der Wohlstand wuchs mit den Jahren, was im 14. Jahrhundert zu Machtkämpfen in den Klostermauern führte. 1309 wurde der einheimische, „wendische" Abt Johann von Elbing gezwungen, seinen Hut zu nehmen, damit ein „sächsischer" Mönch sein Nachfolger werden konnte. Die Spannungen zwischen „wendischen" und „sächsischen" Brüdern eskalierten 1319, als ein wendischer Wortführer fortgeschickt und angeblich vergiftet wurde und dann noch einmal 1336: Abt Konrad ließ einen wendischen Wortführer in den Klosterkerker werfen. Ein zweiter Wortführer namens Johann Kruse konnte fliehen. Er überfiel dann mit einigen Helfern den Abt, als dieser auf dem Klosterhof Bollhagen weilte und verschleppte ihn. Der Abt konnte seinerseits fliehen und Fürst Albrecht von Mecklenburg versuchte nun zu vermitteln. Einige sächsische Laienbrüder engagierten daraufhin ein mit Zauberkünsten erfahrenes wendisches Weib, um den Fürsten durch einen Sympathiezauber auf ihre Seite zu bringen. Die Sache wurde verraten und das Weib vor dem Kröpeliner Stadttor verbrannt. Die Anstifter suchten das Weite. Johann Kruse kehrte unterdessen als Büßer aus Rom zurück, wurde aber an der Klosterpforte abgewiesen. Mit 18 Bewaffneten

BAD DOBERAN
In dieser Form einmalig: der Kreuzaltar

überfiel er jetzt das Kloster, fesselte alle sächsischen Mönche und schleppte sie fort. Er kam nur bis Althof, wo die Klosterknechte ihn einholten und die Gefangenen befreiten. Trotzdem floh der Abt, der sich im Kloster nicht mehr sicher fühlte, nach Rostock. 1337 kam es zu einem Vergleich, das Kloster aber war zum Gespött der Leute geworden und durch die Streitereien hoch verschuldet. Die Unsicherheit dauerte auch noch einige Jahre an, da die wegen Zauberei ausgewiesenen sächsischen Laienbrüder das Kloster durch Brandstiftungen zu schädigen versuchten, bis es sich durch Zahlung einer größeren Summe von ihnen loskaufte. Erst in der zweiten Hälfte des 14. Jahrhunderts kehrten wieder Ruhe und Wohlstand ein.

Das Kloster bestand als solches bis 1552, also noch drei Jahre nach Einführung der Reformation. Schon in den Jahren zuvor war jedoch der Zisterzienser-Nachwuchs ausgeblieben, so dass die letzten sechs Mönche den Besitz an die Herzöge übertrugen, die es als landwirtschaftliche Domäne bewirtschaften ließen.

Eine Mauer an der Südseite der Kirche, die zum Portal führt, ist der Rest der Klausur. Die Klausurgebäude verschwanden im 16. Jahrhundert. Zwei Wirtschaftsgebäude des Klosters sind noch erhalten. Während das so genannte Kornhaus zu einem Bürgerbegegnungszentrum ausgebaut ist, brannte das zweite Gebäude 1979 ab und harrt noch seiner Sanierung. Die so genannte Wolfsscheune (um 1283/90), ursprünglich wohl ein Hospiz, blieb nördlich der Kirche als romantisch anmutende Ruine erhalten.

Nördlich der Kirche befindet sich das so genannte Beinhaus, der Karner St. Michael. Der anmutige Backsteinbau diente zur Aufnahme der Mönchsgebeine, die beim Ausheben neuer Grabstellen gefunden wurden. An den Wänden finden sich Malereien aus dem 13. Jahrhundert, die bei der Restaurierung im 19. Jahrhundert allerdings stark übermalt wurden. Das Beinhaus wurde 1240/50 erbaut und ist im Norden einmalig.

Die das Areal umgebende, fast 1400 Meter lange Klostermauer stammt aus dem 13. Jahrhundert. Das einstige Klostergelände erfuhr 1793 eine Umgestaltung im Sinne einer englischen Gartenanlage.

Das Doberaner Münster ist eine anspruchsvolle Backsteinbasilika auf kreuzförmigen Grundriss mit östlichem Chorpolygon, Umgang und Kapellenkranz. Im Kreuzungsbereich der Dächer erhebt sich ein hoher Dachreiter. Von 1880 bis 1900 wurde das Kirchengebäude unter dem Schweriner Hofbaurat Gotthilf Ludwig Möckel umfassend restauriert. Dabei wurde auch die Südfassade neu gestaltet, weil sie durch den Abriss der Klausurgebäude 1552 statisch nicht mehr sicher war. Zahlreiche weitere Veränderungen und die Neuausmalung des Innenraumes sollten den ursprünglichen Eindruck der Kirche entsprechend dem damaligen historischen Stilideal harmonisieren. 1977/84 wurde das Bauwerk erneut restauriert, die Veränderungen des 19. Jahrhunderts teilweise zurückgenommen. An der Nordseite der Mauer befand sich früher eine Toranlage mit Kapelle. Möckel ließ sie abreißen – lediglich die alte rundbogige Zufahrt blieb erhalten – um an der Stelle sein villenartiges Wohnhaus errichten (1888). Es beherbergt heute das Stadt- und Bädermuseum.

2002 erfolgen am Münster weitere umfangreiche Bau- und Restaurierungsmaßnahmen an Fenstern, Ausstattung und Wandflächen, für die bis 2005 bereits mehr als eine Million Euro verwendet wurden.

Info

BESICHTIGUNG Mai bis September: Mo bis Sa 9-18 Uhr, So und Feiertag 11.30-18 Uhr
März, April und Oktober: Mo bis Sa 10-17 Uhr, So und Feiertag 11.30-17 Uhr
November bis Februar: Mo bis Fr 10-16 Uhr, So und Feiertag 11.30-16 Uhr
Sonn- und Feiertag 10 Uhr Gottesdienst

ÖFFNUNGSZEITEN/KONZERTTERMINE Fon 038203 627 16

PFARRAMT Klosterstraße 2 18209 Bad Doberan Fon 038203 164 39
www.doberanermuenster.de

ANFAHRT A 20 Abfahrt Bad Doberan oder von Rostock auf der B 105 über Sievershagen. Das Klostergelände mit dem Münster liegt an der B 105

Tipp

Von Mai bis September finden jeden Freitag um 19.30 Uhr Kirchenkonzerte in der Sommerkonzertreihe „Münster, Molli & Musik" statt

Ganzjährig gibt es im Münster Führungen und Sonderführungen zu verschiedenen Themen, z. B. auch zu Deckengewölben, Dachstuhl und Glocken

Schmalspurbahn „Molli", Fahrten von Bad Doberan über Heiligendamm nach Kühlungsborn möglich

Ehm-Welk-Haus, Dammchaussee 23, Fon 038203 623 25, Wohnhaus des Doberaner Schriftstellers Ehm Welk

Klassizistische Bauten um den Kamp, ein Platz im Ortsinneren, errichtet Anfang des 19. Jahrhunderts nach Plänen des Architekten Carl Theodor Severin. Das ehemalige großherzogliche Palais und das Salongebäude, in dem gelegentlich Konzerte stattfinden, beherbergen heute Verwaltungsbehörden (August-Bebel-Straße 2 und 4). Sehenswert sind auch die ebenfalls klassizistischen Pavillons auf der Mittel des Platzes

Ruine der Klosterscheune in Althof (Mitte 13. Jahrhundert), die zu den ältesten erhaltenen Profanbauten Mecklenburg zählt. Die Kapelle, ein kreuzrippengewölbter Backsteinbau, stammt im Kern aus dem 14. Jahrhundert. Sie wurde um 1822/23 bzw. 1882/88 eingreifend erneuert und gilt als legendärer Begräbnisort der Ahnfrau des Hauses Mecklenburgs, Woizlava († 1172)

HEILIGENDAMM KATHOLISCHE KAPELLE

Das halb im Wald versteckte Ziegelsteingebäude am Ortseingang des Nobel-Seebades war jahrzehntelang dem Verfall preisgegeben.

Die katholische Herz-Jesu-Kapelle von Heiligendamm wurde 1888 im neogotischen Stil nach Plänen von Gotthilf Ludwig Möckel errichtet. Nach dem Krieg verfiel sie immer mehr, nach der Wende wurde sie gar nicht mehr genutzt. Heute ist die Kapelle so baufällig, dass der Zutritt verboten ist. Die Innenausstattung ist ebenfalls abhanden gekommen. 2001 wurden auch noch die Bänke gestohlen. Anno August Jagdfeld, Wiedererbauer der „Weißen Stadt" Heiligendamm und selbst katholischen Glaubens, hat sich jedoch gemeinsam mit einem Förderverein die Renovierung der Kapelle zum Ziel gemacht.

HEILIGENDAMM
Die katholische Kapelle ist noch sehr baufällig

Info

ANFAHRT Von Bad Doberan nach Heiligendamm, dort liegt die Kapelle am Ortseingang auf der rechten Seite im Wald

HEILIGENDAMM EVANGELISCHE KAPELLE

Unmittelbar an der Steilküste am Ortsausgang Heiligendamms in Richtung Kühlungsborn, liegt die neugotische evangelische Kirche. Großherzog Friedrich Franz III. hatte 1893 den Bauplatz mitten im Wald, an dem er als Kind oft gespielt hatte, gestiftet, einschließlich eines Betrages von 100.000 Goldmark.

Im Juli 1904 konnte die nach Plänen von Hofbaurat Gotthilf Ludwig Möckel gebaute Kirche eingeweiht werden. Im Krieg wurden die Gebäude des Seebads Heiligendamm als Lazarett genutzt. Der letzte Gottesdienst fand 1943 statt. Während dieses Gottesdienstes verfinsterte sich der Himmel: Die Rauchschwaden des brennenden Hamburg hatten Heiligendamm erreicht. Zudem entlud ein englischer Bomber seine komplette Bombenlast im Wald um die Kirche, vermutlich ein Notabwurf. Alles lag nun voller Blindgänger, so dass der Besuch des Gottesdienstes unmöglich wurde. Die russischen Truppen sollen nach der Eroberung des Seebades ihre Pferde in der Kirche untergebracht haben, in den Nachkriegsjahren wurde sie völlig ausgeplündert. Erst am 5. August 1951 fand wieder ein Gottesdienst statt. Im Zuge der Renovierung des Seebades hat Investor Anno August Jagdfeld auch die Wiederherstellung der evangelischen Kirche zugesagt. Ebenso wie bei der katholischen soll dies mit Hilfe eines Fördervereins bewerkstelligt werden.

HEILIGENDAMM
Die evangelische Kapelle entging nur knapp der Zerstörung

Info

PFARRAMT Klosterstraße 2 18209 Bad Doberan Fon 038203 164 39

ANFAHRT Von Bad Doberan nach Heiligendamm, dort am Ortsausgang auf der rechten Seite. Fußweg durch den Wald

Tipp

Klassizistisches Bauensemble der „Weißen Stadt" Heiligendamm, das älteste Seebad Deutschlands. Heute als Grand Hotel von Kempinski bewirtschaftet. Öffentliches Restaurant mit Kaffeeterrasse im Kurhaus. Das Kurhaus wurde 1814/16 von dem mecklenburgischen Baumeister Carl Theodor Severin errichtet und gilt als herausragender Bau des norddeutschen Klassizismus

KÜHLUNGSBORN

1938 wurden die Dörfer Brunshaupten, Arendsee und Fulgen zur Stadt Kühlungsborn vereinigt. Im ehemaligen Brunshaupten befindet sich die mittelalterliche Kirche.

Nonnen aus Arendsee in der Altmark gründeten hier 1211 das erste mecklenburgische Nonnenkloster, das nur bis 1219 bestand. In dieser Zeit erbauten sie vermutlich das aus Feldsteinen gemauerte Kirchenschiff mit seinen schmalen, Fenstern, die typisch für den Übergang von der Romanik zur Gotik sind. Der hochgotische Chor wurde im 15. Jahrhundert angebaut, der hölzerne Glockenturm um 1500. 1991 ließ die Gemeinde ihn samt Kupferdach erneuern. Die südliche Vorhalle stammt aus der Zeit der Spätgotik.

Durch den schmalen Turmeingang mit seinem ausgetretenen Backsteinfußboden gelangt man in das etwas düstere und völlig schmucklose Schiff. Überraschend sind die gotischen Gewölbebögen und Wandvorlagen, die man angesichts der schlichten Außenwände nicht erwarten würde. Das Gewölbe wurde wohl im 14. Jahrhundert eingebaut. Leider sind nur bescheidene Reste der mittelalterlichen Bemalung erhalten.

Erst im Chor finden sich einige sehenswerte Kunstgegenstände. Dabei fällt zunächst die hübsche, leider modern bemalte Statue des Jüngers Johannes auf, die die barocke Kanzel von 1698 trägt. An der Chorwand aufgereiht sind fünf hölzerne Heilige, 1707 von dem Lübecker Bildhauer Bernhard Lübbers geschnitzt. Auch der ebenfalls an der Wand befestigte Taufengel stammt von seiner Hand.

KÜHLUNGSBORN
Die ältesten Teile gehen auf das erste mecklenburgische Nonnenkloster zurück

Kühlungsborn
Auf dem Triumphbalken steht eine Triumphkreuzgruppe aus dem 15. Jahrhundert

Den modernen Altaraufsatz fertigte 1965 die Dresdner Künstlerin Brigitte Großmann-Lauterbach an: Um den Baum des Lebens ranken sich Szenen aus der Bibel. Ferner findet sich eine gotische Madonna (Anfang 15. Jahrhundert). Auf dem Triumphbalken vor dem Chor ist eine Triumphkreuzgruppe erhalten, die zur gleichen Zeit entstanden sein muss. Interessant sind die Glasmalereien in den Chorraumfenstern, so genannte Kabinettscheiben, auf denen sich Ende des 17. Jahrhunderts die Einwohner des Ortes verewigten. Über ihren Namenszügen stellten sie ihren Berufsstand durch Schiffe, säende Bauern oder auch eine Kutsche dar. Die kleine Orgel wurde 1963 eingebaut. Im Turm befindet sich eine Glocke von 1495. 1985 erfolgte eine gründliche Restaurierung der Kirche.

Der Sage nach soll ein Seeräuber namens Bruhns das Geld für den Kirchenbau gestiftet haben. Das nahegelegene Waldgebiet der „Kühlung", heute ein beliebtes Wandergebiet, war sein Unterschlupf. Als die Rostocker 1284 in die Hanse aufgenommen wurden, begannen sie, Seeräuber zu verfolgen. Als Bruhns gefangen genommen wurde, schwor er, ehrlich zu werden und eine Kirche zu bauen, wenn man ihn freiließe. Tatsächlich ist überliefert, dass von den Brunshauptenern gerettete Schiffbrüchige für den Westturm und weitere Anbauten Geld spendeten.

Info

Besichtigung Im Sommer täglich geöffnet, genaue Zeiten auf Anfrage im Pfarramt
Pfarramt Schlossstraße 19 18225 Kühlungsborn Fon 038293 172 61

Tipp

Bäderarchitektur der Zeit um 1900 bis 1930 an der Strandpromenade

RERIK

Die Kirche von Rerik ist schon äußerlich ein echtes Schmuckstück. Die dreischiffige Hallenkirche aus Backstein wird von dem für die Gegend typischen Turmhelm in Form einer so genannten achteckigen Bischofsmütze gekrönt. Um 1250 wurde der frühgotische Bau errichtet.

Innen erschließt sich dem Besucher ein in barocker Pracht gestaltetes Kirchenschiff. Der Orgelprospekt wird von vier hölzernen Säulen getragen, deren Bemalung Marmor vortäuscht. Erbaut wurde er 1780. Die Inschrift „Gott allein die Ehre!" stammt aus dem Jahr 1870. Auch die Gewölbe sind barock ausgemalt, eine laut Signatur im Chor 1668 von Hinrich Greve aus Wismar ausgeführte Arbeit. Zu sehen sind Apostel und Engel, dazu Verzierungen. Vermutlich Ende des 18. Jahrhunderts war die Bemalung weiß übertüncht worden, 1974 wurde sie wieder freigelegt und restauriert. Auf der linken (südlichen) Seite unterhalb der Orgel ist das Wappenepitaph des Hardenack v. Bibow (1628-1684). Er war Gutsherr im Nachbarort Blengow. Hardenack v. Bibow lebte in der Zeit des Dreißigjährigen Krieges und war Obrist in einem Regiment zu Ross, wie die Wappentafel mitteilt. In der Turmhalle hängt seine Rüstung. Die Wappentafel zeigt den Stammbaum des Gutsbesitzers, sie trägt die Namen vieler bekannter mecklenburgischer Geschlechter, so v. Viereck, v. Maltzahn, v. Bülow.

An der Nordwand das Bildnis des Pastors Christianus Liscovius, zu deutsch Christian Liskow (1614-1682). Liskow sorgte dafür, dass die im Dreißigjährigen Krieg in Mitleidenschaft gezogene Kirche so prachtvoll wieder ausgeschmückt wurde. Er wirkte auch beim Wiederaufbau des Ortes mit, der im Zuge der Kriegswirren siebenmal geplündert wurde. Krankheit und Tod wüteten im Dreißigjährigen Krieg schrecklich in der Region, die Bevölkerung des in der Hansezeit so reichen und wohlhabenden Mecklenburg wurde um 80 Prozent reduziert und verarmte völlig. In manchen Dörfern gab es nach 1648 keinen Menschen mehr. Liskows Amtsvorgänger starb an der Pest. Im Chorraum steht der Altar von 1754/55, ausgeführt von einem Kröpeliner Tischlermeister. Das düstere Altarbild zeigt Christus am Kreuz, der einem Gemälde des niederländischen Meisters Antonis van Dyck nachempfunden ist. Rechts vom Altar steht ein Beichtstuhl mit der Aufschrift „Gott sei mir Sünder gnädig". Anders als in katholischen Beichtstühlen sitzen Pastor und Beichtender sich darin ohne Trennwand gegenüber. Die Kanzel stammt aus dem Jahr 1751/52. Gegenüber die Patronatsloge mit dem Allianzwappen der v. Plessen und v.d. Kettenburg.

Der barocke Taufengel, der von der Decke hängt, war jahrzehntelang unbeweglich. Erst 2003 wurde er wieder für eine Taufe benutzt. Der Vater des Täuflings, in der Baubranche tätig, ließ eigens einen Flaschenzug montieren, mit dem der Engel, der die Taufschale hält, nun wieder abgesenkt werden kann.

Bei dem bunt bemalten Holzbalken, der sich von der Süd zur Nordwand quer durch das Kirchenschiff zieht, handelt es sich um einen Zuganker, der schon bei der Erbauung vorhanden gewesen sein muss.

Rerik
Gekrönt von einer achteckigen „Bischofsmütze"

In der Turmhalle, wo auch die bereits beschriebene Rüstung des Hardenack von Bibow hängt, fällt ein riesiges Ölbild auf. 1742 von einem Monsignore Heinken gemalt, stellt es das Jüngste Gericht dar. Rechts unten, im Fegefeuer, sitzt ein Mann mit Spielkarten, auch ein Würfelspieler ist zu sehen. Das Würfelspiel galt als Sünde, für die man in die Hölle kommen konnte. Über einem siebenköpfigen, feuerspeienden Drachen eine Frauenfigur mit goldenem Krug: die Hure Babylon. „Ich leide Pein in dieser Flammen", steht in einer Art Sprechblase, die von einem Männerkopf ausgeht. Gegenüber vom Turmeingang die Empore der Blengower Gutsherren mit zwei Löwen und einer Votivfahne. Die zweite Fahne fiel irgendwann ab und wird im Pfarrhaus aufbewahrt. Die Landrätin von Oertzen ließ diese vornehme Tribüne um 1790 errichten. Ursprünglich stand sie vor dem Chor, etwa dort, wo jetzt der rund 700 Jahre alte Taufstein steht. Ein Geweih mit Wappenschild, das an der Turmwand hängt, stiftete die adelige Familie v. Plüskow im 17. Jahrhundert.

Zwei von ursprünglich vier Glocken der Kirche wurden in den beiden Weltkriegen eingeschmolzen. Nur die kleinste, die Katharinenglocke von 1519, ist erhalten geblieben. Im Dreißigjährigen Krieg hatten die Reriker diese Glocke versteckt. Als die Kämpfe vorüber waren, konnte sich jedoch niemand mehr erinnern, wo sie vergraben lag. Erst 100 Jahre später wurde sie am Fuße des Turmes wieder gefunden und aufgehängt. Die Fenster der Reriker Kirche wurden um 1890 eingesetzt. Im Eingangsbereich des Südportals ein Grabstein aus dem Jahr 1465, der das Ehepaar Vicke v. Oertzen und Adelheid v. Stralendorff zeigt. Der Opferstock ist etwa 450 Jahre alt. Bis 1872 befand sich neben dem Chor eine Grabkapelle. Sie war um 1700 angebaut worden und drückte auf die Chorwand, die deshalb auf der gegenüberliegenden Seite mit einem massiven Stützpfeiler versehen wurde. Dieser Stützpfeiler ist im Gegensatz zur Kapelle stehen geblieben. Vor der Kirche wurde für Staatsrat Theodor Ernst Stever und seine Frau Maria 1858 eine neue Kapelle errichtet. Ihre Särge wurden jedoch 1951 entfernt und auf dem Friedhof beigesetzt, da die Gemeinde die Kapelle als Leichenhalle benötigte.

Rechts neben dem Südportal der Kirche fallen ausgekratzte Mauersteine auf, so genannte Löffelsteine. Die Bauern glaubten früher, dass das Pulver dieser Steine, unter das Viehfutter gemischt, heilende Wirkung haben könne. Mit Löffeln kratzten sie es also von weichen Backsteinen ab und nahmen es mit nach Hause. Bekannt ist in Rerik die Sage von den zwei Gutsherren, das sogenannte Totenduell. Beide beanspruchten das Patronat. Nur der Kirchenpatron aber hatte das Recht, sein Pferd nördlich der Kirche an einem eisernen Ring festzumachen. Im Streit um dieses Vorrecht duellierten sich die Rivalen. Einer wurde beim Duell getötet, der andere starb kurz darauf. Beide wurden auf dem Kirchhof bestattet und duellierten sich seither jede Nacht zur Geisterstunde waffenklirrend weiter. Ruhe soll erst eingekehrt sein, als einer der Verstorbenen nach Wismar umgebettet wurde.

Info

BESICHTIGUNG Die Kirche ist Mo und Do von 10-12 Uhr sowie So nach dem Gottesdienst, um 11 Uhr, für Besucher geöffnet oder nach Absprache

PFARRAMT Liskowstr. 3 18230 Rerik Fon 038296 782 36

ANFAHRT A 20 Abfahrt Kröpelin oder von der B 105 Kröpelin auf die Landstraße nach Rerik

ZWISCHEN ROSTOCK UND SATOW

Rethwisch 86
Steffenshagen 87
Retschow 89
Heiligenhagen 90
Hanstorf 92
Stäbelow 93
Parkentin 94
Ruine Satow 96

RETHWISCH

Die Kirche von Rethwisch, erbaut Anfang des 14. Jahrhunderts, ist von einem großen, beinahe parkartigen Friedhof umgeben. Der hölzerne Turm scheint, neuesten Untersuchungen zufolge, bereits Anfang des 15. Jahrhunderts angebaut worden zu sein. Die 14 Meter hohen Ständerbalken aus Eiche jedenfalls stammen aus dieser Zeit. Ein weiteres Indiz ist das Alter der Glocke: Sie trägt die Jahreszahl 1412.

Das Schiff wird von Arkadenbögen getragen, die auf Achteckpfeilern ruhen. An der Nordwand ist ein gotisches Kruzifix, wohl um 1400 gefertigt. Der reich geschnitzte Altar – er zeigt eine vielfigurige, niederländischen Einfluss verratende Kreuzigungsszene – entstand Anfang des 16. Jahrhunderts, die ihn tragende Predella jedoch ist rund 100 Jahre älter. 1848 wurde der Altar zuletzt restauriert, aus dieser Zeit stammt wohl auch die Bemalung. Auch die seitlichen Chorfenster wurden damals eingesetzt. Nur im Scheitelfenster des Chores sind mittelalterliche Glasmalereien aus dem 15. Jahrhundert erhalten. Das als Hängeschrank in Form eines gotischen Fialentürmchens gestaltete Sakramentshaus ist ebenso alt wie die Kirche.

Auf der Kanzel, die wie das Gestühl vermutlich im 19. Jahrhundert mit Holzimitatfarbe gestrichen wurde, steht die Jahreszahl 1666. Die Trägerfigur stellt den Apostel Petrus dar. An einigen Fenstern finden sich kleine, mit Bleifassung eingesetzte Kabinettsscheiben aus dem 17. Jahrhundert.

Alte Grabsteine an der Südwand erzählen so manche Geschichte. So wird das tragische Ende des siebenjährigen Marcus Kortumb aus Rethwisch geschildert, der 1630 durch einen versehentlich abgefeuerten Schuss getötet wurde. Es war die Zeit des Dreißigjährigen Krieges. Ein anderer Grabstein erinnert an den Pächter des Gutes Rabenhorst.

Die Kirche, deren Mauern starke Feuchtigkeitsschäden aufweisen, wurde zuletzt 1955 ausgemalt. 1882 wurde die Deckenverschalung das letzte Mal renoviert. Das Dach konnte 1990 mit Hilfe der Norderstedter Partnergemeinde St. Jürgen neu eingedeckt werden.

Info

BESICHTIGUNG auf Anfrage

PFARRAMT Doberaner Straße 2 18211 Rethwisch Fon 038203 818 12

ANFAHRT Von Rostock auf die B 105 Richtung Bad Doberan. In Bargeshagen rechts ab nach Rethwisch. Im Ort an der Kreuzung rechts

Foto siehe Seite 87

STEFFENSHAGEN

Kämpfende Tierfiguren an der Außenmauer und die filigrane Architektur machen Steffenshagen zu einer ungewöhnlich aufwändig gestalteten und bedeutenden Dorfkirche.

1273 wird der Ort Steffenshagen erstmalig urkundlich erwähnt. Das Kirchengebäude entstand seit 1280 als Tochterkirche des Doberaner Klosters. 1862/66 wurde das Gebäude erweitert. Die westliche Hälfte samt Turm wurde im neugotischen Stil angefügt. Das dreischiffige, mit Strebepfeilern versehene Gotteshaus wirkt durch seine regelmäßigen Formen sehr ansehnlich. Aus der Erbauungszeit stammen die einmaligen, mit Tierreliefs versehenen Formziegelsteine an der äußeren Chorwand. Löwen, Greifen, Panther und Tiger reihen sich neben- und übereinander, stehen sich an der südlichen Chormauer sogar gegenüber, als wären sie im Begriff, miteinander zu kämpfen. Die über 700 Jahre alten Darstellungen wirken wie Fabelwesen, sollen aber die Größe Gottes symbolisieren. Der Löwe beispielsweise steht für die Auferstehung Christi, der Adler für dessen Himmelfahrt. Wo Löwe und Greif sich gegenüber stehen, also zu kämpfen scheinen, könnte der Greif auch als Symbol weltlicher Macht zu deuten sein. Die figürlichen Flachreliefs wechseln mit Steinlagen, die mit Weinlaubranken versehen sind. Das Chorportal ziert ein Kapitelband mit Apostelfiguren, die ebenfalls in Ziegelstein gebrannt sind. Sie wirken urtümlich unbeholfen.

Die Granittaufe entstand um 1200 und zählt zu den ältesten im Lande. An Kuppa und Fuß finden sich große Reliefs, ein Gekreuzigter im langen Gewand ist zu entdecken, Menschen- und Dämonenköpfe geben Rätsel auf. Wie so oft sind so frühe, archaisch anmu-

RETHWISCH
Der hölzerne Turm könnte bereits im 15. Jahrhundert angebaut worden sein

STEFFENSHAGEN
Das Bauwerk und sein Chorportal sind mit aufwändiger Ziegelarchitektur gestaltet

tende Bildwerke kaum konkret deutbar. Aber fraglos stimmen sie in das große Thema vom Kampf zwischen Licht und Finsternis ein.

Auch der Flügelaltar ist sehenswert, geschnitzt in der zweiten Hälfte des 16. Jahrhunderts. Im Zentrum finden sich die von einem goldenen Strahlenkranz umgebene apokalyptische Madonna auf der Mondsichel. Engel umschweben die heilige Jungfrau, zwei Stifterdarstellungen und weitere Abbildungen bereichern die figurenreiche Szene. Rechts und links von der Madonna sind je vier heilige Frauen mit den ihnen zugeschriebenen Symbolen aufgereiht: so die heilige Margareta mit dem Drachen, Dorothea mit dem Früchtekorb, Katharina mit dem Rad, Barbara mit dem Turm und die heilige Gertrud mit einer Kirche.

Die Gemälde auf den Altarflügeln entstanden wohl Anfang des 18. Jahrhunderts, sie zeigen die Gefangennahme Jesu und die Kreuzigung. Der prächtige, mittelalterliche Altar war 1866 durch einen neugotischen ersetzt worden, ist aber – restauriert – inzwischen wieder an seinen alten Platz zurückgekehrt. Zu erwähnen bleibt die Ende des 15. Jahrhunderts gearbeitete Triumphkreuzgruppe. Die eher bescheidene, um 1650 gefertigte Kanzel gelangte aus einer Dorfkirche nahe Wismar hierher.

Info

BESICHTIGUNG Auf Anfrage

PFARRAMT Dorfstraße 6 18209 Steffenshagen Fon 038203 622 87

ANFAHRT Von Bad Doberan auf der B 105 Richtung Wismar, in Kröpelin rechts ab in Richtung Kühlungsborn

RETSCHOW

Die kleine Kirche von Retschow beherbergt eine besondere Kostbarkeit: Einen von vier der so genannten Mühlenaltäre in Mecklenburg.

Als Erbauungszeit wird die erste Hälfte des 14. Jahrhunderts angegeben. Das wertvollste Stück ist der Mühlenaltar aus der zweiten Hälfte des 15. Jahrhunderts mit vier beweglichen und zwei feststehenden Flügeln. Die Schnitzfiguren des Mittelteils sind weniger bedeutend als die Gemälde auf den Flügeln. Dargestellt ist u. a. die Sakramentsmühle. Die Evangelisten schütten ihre Schriften in die von Aposteln betriebene Mühle, heraus kommt das Fleisch gewordene Sakrament in Gestalt des Jesuskindes. Hinzuweisen bleibt auch auf die ikonographisch bedeutsame Darstellung der Gregorsmesse, die für das spätmittelalterliche Abendmahlverständnis von Wichtigkeit war. Leider wurden die übrigen mittelalterlichen Darstellungen durch eine unglückliche Restaurierung 1902 stark beschädigt. Die damals aufgetragene Farbe verträgt sich nicht mit der mittelalterlichen und zerstörte diese mit der Zeit. Seit 1993 wird der wertvolle Altar mit Hilfe der Deutschen Stiftung Denkmalschutz schrittweise gesichert.

RETSCHOW
Die kleine Kirche birgt eine Kostbarkeit

Die Kirche ist mit prächtigen Wandmalereien geschmückt. An der Nordwand führt der Teufel eine Reihe verzweifelter Geistlicher und Bürger in die Hölle, darunter ist sogar der Papst, zu erkennen an seiner Tiara. Dem Teufel gegenüber zieht ein Engel mit fröhlich blickenden Menschen gen Himmel. Darüber Jesus als Weltenrichter mit zwei Schwertern vor dem Gesicht. Die Darstellung des Papstes im Zug der verlorenen Seelen ist pikant, sie darf wohl als Ausdruck damaliger Vorstellungen vom Weltgericht gedeutet werden. Gegenüber, vor dem Altarraum, sind Szenen aus dem Leben Jesu dargestellt. Neben dem Westportal findet sich ein Gestühl von 1759 mit Namenszügen.

Info

BESICHTIGUNG Auf Anfrage im Denkmalhof Pentzin, Retschow Fon 038203 165 95
PFARRAMT Dorfstraße 6 18209 Steffenshagen Fon 038203 622 87
ANFAHRT Durch Bad Doberan auf der B 105 in Richtung Wismar, am Ortsausgang links ab

Tipp

Denkmalhof Retschow

HEILIGENHAGEN

Liebevoll gepflegt und restauriert ist die Heiligenhagener Kirche ein echtes Schmuckstück. Ihr Erbauungsdatum wird in den meisten Chroniken mit etwa 1350 angegeben, der Turm soll 300 Jahre jünger sein. Neueste Holzuntersuchungen legen jedoch die Vermutung nahe, dass Kirche und Turm wesentlich älter sind.

An der Nordwand vor dem Altarraum befindet sich ein hübsches Epitaph der Familie des Berndt v. Bülow (1562-1617), datiert auf 1576. Vor dem Gekreuzigten knien das Stifterehepaar, seine fünf Söhne und fünf Töchter. Nach der Wende machte die Kirchgemeinde Vicco v. Bülow, alias Loriot, den Erfinder der knollennasigen Loriot-Figuren, als Nachfahren des Berndt v. Bülow ausfindig und ersuchte ihn, sich an der Restaurierung des Epitaphs zu beteiligen. Dies geschah auch.

1995/96 wurden auch die Innenwände der Kirche für knapp DM 40.000 restauriert. Dabei kamen unter bis zu sieben Farbschichten Reste der mittelalterlichen Bemalung zum Vorschein. Auffällig sind zwei Fratzen in den Gewölbesimsen: anscheinend Eulen. Ihre Schnäbel sind runde Löcher, durch die eventuell in die Gewölbe laufendes Wasser abgeleitet werden sollte. Die Eulen mit den aufgerissenen Schnäbeln verschreien den zwischen ihnen abgebildeten Jesus. In der christlichen Symbolik gilt die Eule, ein Nachttier, als Vertreter der geistigen Finsternis und der Abkehr vom Licht und der Wahrheit. Die beiden schreienden Vögel könnten auch als diejenigen gedeutet werden, die in Finsternis und Todesschatten sitzen und denen Christus das Licht bringt. An der westlichen Gewölbeseite, den Eulen gegenüber, sind ebenfalls mit Wasseröffnungen versehene Spinnennetze. Auch die Spinne verheißt nichts Gutes, sie wird als todbringender Aussauger, als bildhafte Darstellung des bösen Triebes gedeutet. Ihr leicht zerreißbares Netz ist Symbol des Hinfälligen und eitlen Hoffens.

Der Schnitzaltar stammt aus der Zeit um 1450. Im Mittelfeld steht Maria mit dem Jesuskind, umgeben von vier spielenden Engeln und vier Heiligenfiguren, darüber eine ebenso alte Figur des gekreuzigten Jesus. Nach der Reformation wurde der Altar an die Chorwand gehängt. Erst nach der Renovierung kam er 1997 wieder an seinen alten Platz.

Von der Decke des Chorraumes hängt ein wohlgestalteter Taufengel mit lockigem Haar, der Anfang des 18. Jahrhunderts entstanden sein muss. Er trägt einen Blumenkranz als Halter für das Taufbecken. Leider ist die lebensgroße Engelsfigur stark wurmstichig und bedarf dringend der Renovierung. Die Kanzel ist aus dem Jahr 1677. „Predige das Wort, halt an, es sei zu rechter Zeit oder zur Unzeit", steht am Handlauf der Treppe.

Unter dem Boden des Chores befindet sich eine Gruft, vermutlich die der Familie v. Bülow. Die frühere Sargkammer, ein Fachwerk-Anbau an der Südwand, ist nach der Wende zu einem freundlichen, kleinen Gemeinderaum umgestaltet worden. In der Sakristei auf der Nordseite ist die Heizung untergebracht. 1990 wurde das Dach der Kirche mit Spendenmitteln der Hamburger Partnergemeinde Groß Borstel neu eingedeckt.

HEILIGENHAGEN
Pflege und Restaurierungsarbeiten schufen ein echtes Schmuckstück

Info

BESICHTIGUNG Auf Anfrage beim Küster unter Fon 038295 701 49

PFARRAMT Kirchgemeinde Satow Parkstr. 2 18239 Satow Fon 038295 783 16

ANFAHRT A 20 Abfahrt Bad Doberan, an der Kreuzung links Richtung Satow. Oder von der Abfahrt Kröpelin, an der Kreuzung rechts in Richtung Rostock (über Satow)

HANSTORF

Eine Dorfkirche mit Charme. Das Hanstorfer Gotteshaus ist seit Ende des 13. Jahrhunderts errichtet worden. Durch das romantisch mit Efeu bewachsene Südportal gelangt man in die Stille des Kirchenraumes.

Der Innenraum ist seit etwa 100 Jahren nicht renoviert worden, die Ausstattung unverändert erhalten. Auf dem Ziegelfußboden stehen türkisblau gestrichene, neugotische Kirchenbänke. Gleich gegenüber dem Eingang befindet sich eine prächtige, barocke Patronatsloge mit vielen Wappenschildern. Sie steht auf schlanken Säulen, deren Kapitelle mit Blattmotiven geschmückt sind. Der untere Teil der Loge ähnelt einem Schiffsbauch. Die Seefahrt spielte für die Hanstorfer eine große Rolle. So diente der Kirchturm, der 1699 durch einen Blitzschlag zerstört wurde, früher den Seeleuten zur Orientierung. Dorfbewohner erinnerten sich, dass in der Kirche einst auch ein Votivschiff vorhanden war. Es stammte vermutlich ebenfalls aus der Zeit vor 1699, denn ein Seefahrer soll es zum Dank dafür gestiftet haben, dass die Kirche ihm auf rauher See den Weg wies.

Rechts neben der Patronatsloge befindet sich ein geschnitztes Epitaph, martialisch mit Kanonen, Lanzen, Äxten und Trommeln geschmückt. Die wohl 300 Jahre alte Inschrift ist nahezu unleserlich. Bekannt ist aber, dass sie an Oberstleutnant Detlov v. Oertzen, Gutsherr auf Gorow und Schwasstorf erinnert. An der Nordwand des Chores ist ein Gestühl von 1788, darüber ein in die Wand eingelassenes Sakramentshäuschen, gut 600 Jahre alt. An der Wand gegenüber steht die Kanzel von 1585, der Aufgang ist mit der Jahreszahl 1573 gekennzeichnet. Die bemalte Truhe daneben wurde laut Beschriftung 1672 von den Kirchenpatronen gestiftet.

In der zweiten Hälfte des 18. Jahrhunderts entstand der in üppigen Rundungen geschnitzte Altar. Christus am Kreuz wird von einer Maria im Rokoko-Kostüm betrauert. Die Chorfenster entstanden im 19. Jahrhundert in der Werkstatt des Quedlinburger Glasmalers Ferdinand Müller, zu sehen sind links der auferstandene Christus mit der Siegesfahne und rechts Christus als guter Hirte mit einem Schaf auf dem Arm. Die um 1900 zuletzt bemalten Kirchenwände weisen starke Feuchtigkeitsschäden auf, teils blättert die Farbe ab. 1989 konnte das Dach neu eingedeckt werden. Im Turm, der seit 1699 sehr niedrig ist, hängen drei Glocken, zwei aus Eisen und eine bronzene von 1779. Täglich um 12 und 18 Uhr werden sie automatisch geläutet.

Info

BESICHTIGUNG Auf Anfrage im Pfarrhof Hanstorf Fon 038207 280

PFARRAMT Rostocker Straße 25 18209 Parkentin Fon 038203 637 79

ANFAHRT A 20 Abfahrt Bad Doberan, Richtung Bad Doberan. Oder von der B 105 in Bad Doberan Abzweig nach Schwaan

Foto siehe Seite 93

STÄBELOW

Beeindruckende Architektur steht hier im Gegensatz zu teils wenig passenden Modernisierungen im Innenraum.

Stäbelow verfügt zwar über ein beeindruckendes Kirchengebäude von Anfang des 14. Jahrhunderts, die Innenausstattung jedoch ist leider komplett verschwunden. Der mittelalterliche Flügelaltar von 1530 wurde 1830 erneuert, ebenso das übrige Inventar. 1956 waren alle Holzteile in der Kirche offenbar so wurmstichig, dass man sie vollständig entfernte. 1975 und 1992 wurde auch der Fußboden erneuert. Die neuen Fliesen wirken im altehrwürdigen Kirchenbau mit seinen imposanten Gewölben ein wenig störend.

Über die Entstehung der Kirche gibt es eine sehr hübsche Sage. Eine nordische Königstochter soll auf der Flucht vor Piraten in Stäbelow so freundlich aufgenommen worden sein, dass sie zum Dank die Baukosten übernahm.

STÄBELOW
Leider verschwand die Innenausstattung

Info

BESICHTIGUNG Auf Anfrage unter Fon 038207 254

PFARRAMT Rostocker Straße 25 18209 Parkentin Fon 038203 637 79

ANFAHRT A 20 Abfahrt Bad Doberan, Richtung Bad Doberan, an der Kreuzung rechts in Richtung Rostock

HANSTORF
Seit 100 Jahren unverändert

PARKENTIN

Wer vor dem Eingang im Turm der Parkentiner Kirche steht, sollte den Blick nach oben wandern lassen. Die gotische Backsteinfassade hebt sich in ihrer aufwändigen Ausführung deutlich von sonstigen Dorfkirchen ab.

Ende des 14. Jahrhunderts wurde das Langhaus mit Turm erbaut. Nur der Feldsteinchor ist älter: Er enstand bereits Mitte des 13. Jahrhunderts. Zisterziensermönche des Klosters Doberan bauten dieses große Gotteshaus, das als kirchliches Zentrum gedacht gewesen sein muss. Parkentin lag damals an der Handelsstraße von Lübeck nach Stettin, außerdem an einem schiffbaren Warnowarm.

Im Inneren sind die unterschiedlichen Gewölbeformen außergewöhnlich. Die Turmhalle hat ein achtrippiges Gewölbe, in der Halle ruht das Kreuzrippengewölbe auf zwei achteckigen Pfeilern. Der südliche Pfeiler ist mit in Ziegelstein gebrannten Apostelfiguren versehen, der nördliche mit grau gestrichenen Köpfen. Am Nordpfeiler befindet sich auch ein Weihwasserbecken, ein Hinweis, dass der Eingang sich ursprünglich an der Nordwand befand. Die Ausmalung des Gewölbes wurde im 19. Jahrhundert, angelehnt an die ursprünglichen, aus dem 15. Jahrhundert stammenden Fresken, erneuert. Im Chor sind Christus auf dem Thron und Maria sowie kluge und törichte Jungfrauen dargestellt. Vor dem Chor steht ein schlichter Granit-Taufstein, der aus dem 13. Jahrhundert stammen soll.

PARKENTIN
Die gotische Fassade hebt sie von anderen Dorfkirchen ab

Parkentin
Die Malereien des Gewölbes wurden im 19. Jahrhundert erneuert

Der mittelalterliche Altar wurde 1689 renoviert, die Bemalung teils erneuert. Im Mittelschrein findet sich eine ungewöhnliche Darstellung, ein so genannter Gnadenstuhl: Gottvater, natürlich mit weißem Bart, trägt eine Tiara und hält den Leichnam Christi in den Armen, zwei Engelsfiguren assistieren.

Wertvoll sind die Reste mittelalterlicher Bemalung auf der Rückseite der Altarflügel. Engelsgesichter haben sich erhalten, gemusterte Bekleidung. Eine Kreuzigungsszene ist nahezu vollständig geblieben. 2003 wurden diese Farbreste gesichert. Die Kirche wurde 1899 renoviert.

Von der Orgelempore bietet sich ein hübscher Blick auf das Kirchenschiff und den Altarraum. Auf der Altarmensa steht eine kleine Kreuzigungsgruppe, deren Kruzifix wohl noch ins ausgehende 14. Jahrhundert datiert.

Info

Besichtigung Auf Anfrage

Pfarramt Rostocker Straße 25 18209 Parkentin Fon 038203 637 79

Anfahrt Von Rostock auf der B 105 in Richtung Bad Doberan, hinter Bargeshagen links ab. Oder A 20 Abfahrt Bad Doberan, in Richtung Bad Doberan. In Hanstorf rechts über Hastorf nach Parkentin

RUINE SATOW

Obwohl nur noch Reste der Außenmauern stehen, findet die Satower Kirche in den Fachbüchern nach wie vor Beachtung.

Im Jahre 1219 schenkte Fürst Borwin I. westfälischen Zisterzienser-Mönchen das Gut Satow. Sie bauten die Feldstein-Kirche, die heute nur noch eine Ruine ist. 1867 wurde sie aufgegeben, da sie baufällig war. Dafür entstand 1864/67 nach Entwurf von Theodor Krüger (1818-1885) auf dem Kirchberg ein neues Gotteshaus in programmatischer Neugotik.

Der Friedhof, der die alten Mauern umgibt, hat im Laufe der Zeit einen parkähnlichen Charakter erhalten. Eine Sage erzählt, dass ein Mann am Abend vor seiner Hochzeit über den Kirchhof ging und an einen Totenschädel stieß. Im Scherz lud er den Toten zu seiner Hochzeitsfeier ein. Zum Entsetzen des Bräutigams kam der Tote wirklich – und lud ihn freundlich zu einem nächtlichen Ausflug ins Totenreich ein. Der Bräutigam wollte nicht feige sein und kam mit. Die eiserne Tür zur Unterwelt lag genau unter dem Grab, an dem der Schädel gelegen hatte. Eine halbe Stunde blieb der Bräutigam unten, dann stieg er wieder herauf. Das Dorf aber hatte sich über Nacht vollkommen verändert. Der Unglückliche lief zum Pastor, den er ebenfalls nicht kannte. Der schaute ins Kirchenbuch – und stellte fest, dass vor 300 Jahren ein junger Mann gleich nach der Hochzeit verschwunden war.

Info

ANFAHRT A 20 Abfahrt Kröpelin Richtung Kröpelin, an der Kreuzung rechts in Richtung Rostock

SATOW
Nur die Außenmauern stehen noch

ZWISCHEN ROSTOCK UND MARLOW

Rövershagen 98
Volkenshagen 99
Marlow 100
Kloster Wulfshagen 101
Blankenhagen 102
Dänschenburg 104

RÖVERSHAGEN

Am 17. März 1305 wird die Kirche von Rövershagen erstmals urkundlich erwähnt, als „nova ecclesia", also „neue Kirche". Vermutlich gab es einen hölzernen Vorgängerbau.

Der aus Feldsteinen gemauerte Chor ist der älteste Teil des Gotteshauses, er wird ins ausgehende 13. Jahrhundert datiert. Die Strebepfeiler an der Außenwand lassen darauf schließen, dass ursprünglich ein Gewölbe geplant war – stattdessen wurde eine flache Holzdecke eingezogen. Als der Chor fertig war, wurde das Schiff aus gelblichen Backsteinen gemauert. Der Turm war ursprünglich aus Holz, auf einer Landkarte von 1696 ist jedoch bereits ein steinerner Turm eingezeichnet. Der heutige wurde im Jahr 1904 fertig gestellt, Richtfest war 1900.

RÖVERSHAGEN
Wie so häufig gab es wohl einen hölzernen Vorgängerbau

Der Altaraufsatz ist von 1708 und zeichnet sich durch seinen reich geschmückten architektonischen Aufbau aus. Ein Triumphkreuz stammt vom Ende des 15. Jahrhunderts. Fragmente einer schlichten Holzkanzel von 1593 blieben erhalten. An der Chorsüdseite sind mittelalterliche Wandmalereien zu entdecken, so u.a. ein Großer Christophorus, der im 19. Jahrhundert stark überarbeitet worden ist. Die Orgel stammt aus dem 19. Jahrhundert und wurde 2005 renoviert.

Im Jahr 2000 wurde der Ostteil des Kirchendaches erneuert, 2001 der Turm mit Kupferplatten gedeckt, 2002 das Dach des Kirchenschiffes erneuert. 2003 hat die Innenraumrenovierung begonnen, sie wurde 2004 abgeschlossen.

Info

BESICHTIGUNG Auf Anfrage
PFARRAMT Graal-Müritzer Str. 2 18182 Rövershagen Fon 038202 24 45
ANFAHRT Von Rostock auf der B 105 in Richtung Ribnitz-Damgarten. In Rövershagen links Richtung Graal-Müritz, dann gleich wieder rechts abbiegen in die Straße „Am Kirchturm"

Tipp

Jagdschloss Gelbensande, weiter auf der B 105 in Richtung Ribnitz-Damgarten

VOLKENSHAGEN

Beachtliche Gewölbe zeichnen die Volkenshagener Kirche aus. Sie stammen aus dem 13. und 15. Jahrhundert. Bereits 1235 wird die Kirche von Volkenshagen in einer päpstlichen Bulle erwähnt. Das Dokument bestätigt, dass der Ort sich mit Wustrow und Bentwisch anfänglich im Besitz des Klosters Dünamünde in Livland befand.

1892/95 wurde der mittelalterliche Bau eingreifend restauriert und um Chorpolygon, Westturm und südlichen Logenanbau erweitert. Eine Tafel vor dem Altarraum klärt darüber auf, dass Großherzog Friedrich Franz III. (regierte 1883-1897) von Mecklenburg-Schwerin die Kirche seinerzeit „erneuert, ausgebaut und reich geschmückt" hat, „aus Dankbarkeit für gnädige Errettung von schwerer Krankheit". Auch den Innenraum ließ der Großherzog durch seinen Baumeister Gotthilf Ludwig Möckel neu gestalten. Die Wände strich man blutrot, die Gewölbe cremeweiß. Bänke, eine an der Südwand eingebaute Loge und der Altar wurden aus dunklem Holz gefertigt. So wirkt der Innenraum eigentümlich vornehm und festlich. Durch die bunten Fenster wird das Licht stark gedämpft, es fällt jedoch in warmen Farben durch die bunten Glasfenster.

VOLKENSHAGEN
Erst seit wenigen Jahren wieder renoviert

1966 stürzten Teile des Gewölbes ein, die östliche Hälfte der Kirche wurde mittels einer Zwischenwand gesperrt. Erst 2002 und 2003 wurde alles renoviert. Hinter dem Eingang entstand eine moderne Winterkirche hinter einer Glas/Stahlwand, die den prächtigen Gesamteindruck jedoch nicht stört.

Info

BESICHTIGUNG Auf Anfrage unter Fon 038202 25 15 oder 038202 24 45
PFARRAMT Graal-Müritzer Str. 2 18182 Rövershagen Fon 038202 24 45
ANFAHRT Von Rostock auf der B 105 Richtung Ribnitz-Damgarten, in Mönchhagen rechts ab. Oder in Rövershagen von der B 105 (in Richtung Ribnitz-Damgarten) rechts ab in Richtung Vogtshagen, dann rechts ab nach Volkenshagen

MARLOW

Zu Zeiten der Hanse führte die Straße von Stralsund nach Rostock auch über das am Recknitzübergang gelegene Marlow. Die einst nicht unbedeutende Stadt baute eine große Basilika.

1244 war sie fertig, diese Jahreszahl steht auf einem der alten Backsteine hoch oben an der Südwand eingeritzt. Die Fensterbögen an der Außenfassade sind noch romanisch, der Innenraum wird jedoch von gotischen Gewölben getragen. Heute steht nur noch das Mittelschiff der Basilika. Die Seitenschiffe wurden nach dem Mittelalter abgebrochen. Die Kirche wirkt geräumig, hell und durch die ungewöhnlich ausladenden Kuppelgewölbe auch sehr vornehm. Die Raumgliederung ist spätromanisch, weit in den Raum vorspringende Wandpfeiler trennen die Gewölbejoche. Der Chor verfügt über ein achtrippiges, dekorativ reich ausgestattetes Domikalgewölbe.

Die Innenausstattung stammt aus dem 19. Jahrhundert. 1839 wurde die Orgel über dem Altar, also im Chorraum eingebaut. Anfang der 1980er Jahre wurde die Kirche restauriert und die Orgel auf die Westempore gesetzt. Dem Gesamteindruck des Innenraumes kam das wohl zugute, da auch die zuvor von der Orgelempore verdeckten Chorfenster wieder frei wurden. Die Orgel selbst litt jedoch bei der Umsetzung erheblich. Erst seit 1993 ist sie wieder komplett bespielbar.

Das Altarbild hat der Schweriner Hofmaler Gaston Lenthe (1805-1860) gemalt: ein segnender Christus. Anders als der neugotische Altar stammt die Kanzel noch aus der Spätrenaissance. Im 19. Jahrhundert verschwanden jedoch die schmückenden Figuren. Auffällig ist das monumentale Gemälde des Pastors Heinrich Sibeth (1626-1707) an der Südwand. Warum sich ausgerechnet Sibeth der Nachwelt so auffällig präsentiert, ist nicht ganz klar. Er stammte allerdings aus einer bedeutenden Rostocker Kaufmannsfamilie, sein Sohn Carl (1653-1719) wurde Bürgermeister von Güstrow. Bekannt ist, dass Heinrich Sibeth 1665 Bauholz aus dem Ribnitzer Gehölz zur Beseitigung von Schäden an Kirche und Pfarrhaus beantragte. 1692 ließ er sich ein neues Pfarrhaus errichten. Ursprünglich, so steht es in einer alten Quelle, sollte es mit Ziegeln gedeckt werden. „Aber da das Haus von Jahr zu Jahr versackte, hat es mit Stroh gedeckt werden müssen."

Info

BESICHTIGUNG Auf Anfrage

PFARRAMT An der Kirche 9 18337 Marlow Fon 038221 301

ANFAHRT A 20 Abfahrt Sanitz oder auf der B 110 von Rostock in Richtung Sanitz und von dort in Richtung Grimmen. In Kneese Hof links ab in Richtung Ribnitz-Damgarten

Tipp

Vogelpark Marlow

Foto siehe Seite 101

KLOSTER WULFSHAGEN

Die idyllisch inmitten eines von alten Bäumen bestandenen Friedhofs gelegene Fachwerkkirche wirkt freundlich und adrett.

Der Bau stammt aus dem 18. Jahrhundert. Der Schnitzaltar im Innenraum jedoch entstand wohl um 1500, die Kanzel etwa 150 Jahre später. Kirchenbänke und Patronatsloge sind aus der Erbauungszeit der Kirche. 2003 wurde das Dach saniert.

Info

BESICHTIGUNG Auf Anfrage im Pfarramt Marlow

PFARRAMT An der Kirche 9 18337 Marlow Fon 038221 301

ANFAHRT A 20 Abfahrt Sanitz oder von Rostock auf der B 110 in Richtung Sanitz, vor Sanitz links ab in Richtung Ribnitz-Damgarten. In Gresenhorst rechts ab in Richtung Marlow, dann gleich links nach Kloster Wulfshagen

KLOSTER WULFSHAGEN
Fachwerkkirche aus dem 18. Jahrhundert

MARLOW
Heute steht noch das Mittelschiff der Basilika

BLANKENHAGEN

In Blankenhagen kommen Orgelliebhaber auf ihre Kosten. Das Instrument des berühmten Orgelbauers Arp Schnitger (1648-1719) stammt aus der Reformierten Kirche von Hamburg-Altona.

1318 wird die Dorfkirche von Blankenhagen erstmals urkundlich erwähnt, schon Ende des 13. Jahrhunderts aber wurde sie erbaut. Der hölzerne Glockenturm kam im 18. Jahrhundert dazu. Er verdeckt das ursprüngliche Westportal.

Der geräumige Chorraum, der fast die Hälfte der Kirche einnimmt, wird von einem Kreuzgewölbe überspannt. Der Westteil hat eine flache Decke. Im Jahre 1964 wurde die Kirche umfassend renoviert, der Boden des Chorraumes wurde höher gelegt und modern gefliest, der Altarsockel ins Zentrum gerückt. Ein farbenfrohes Pfingstfenster des Rostocker Kirchenrestaurators Lothar Mannewitz († 2004) sorgt für eine freundliche, warme Atmosphäre.

Die übrigen Fenster des Chores sind nach 1900 dem damaligen Stil entsprechend von Glasmaler Ferdinand Müller (Quedlinburg) mit Bleiglas gestaltet worden. Eines der Fenster erinnert mit einem Kleeblattkreuz an den frühen Tod des Pfarrerssohnes Karl-Ludwig Wulff

BLANKENHAGEN
In der Dorfkirche erklingt ein Instrument des berühmten Orgelbauers Arp Schnitger

1902. 1915 kam auch Wulffs Sohn Werner im Ersten Weltkrieg ums Leben. Einem weiteren an den Kriegsfolgen gestorbenen Sohn der Gemeinde, Willi Müller, wurde 1920 das dritte Chorfenster gewidmet.

Das bedeutendste Stück der Ausstattung ist die Orgel aus dem Jahre 1686/87, die von dem berühmten Hamburger Orgelbaumeister Arp Schnitker stammt. Ursprünglich stand sie in der Reformierten Kirche von Hamburg-Altona, später in der Reformierten Kirche an der Palmaille. Ein Orgelbaumeister namens Rasche brachte sie 1833 von dort mit nach Rostock. Als er hörte, dass in Blankenhagen eine Orgel fehlte, baute er sie kurzerhand ein. Dies geriet später in Vergessenheit. Erst Ende der 1970er Jahre erkannte ein Orgelexperte aus Eutin den wahren Wert des Instrumentes. 2002 und 2003 konnte die Orgel mit Hilfe der Hamburger Zeit-Stiftung grundlegend restauriert werden.

Info

BESICHTIGUNG Auf Anfrage

PFARRAMT Dorfstr. 25 18182 Blankenhagen Fon 038201 837

ANFAHRT Von Rostock auf der B 105 in Richtung Ribnitz-Damgarten, in Rövershagen rechts ab, über Behnkenhagen nach Blankenhagen. Oder A 20 Abfahrt Sanitz, in Richtung Ribnitz-Damgarten, in Gresenhorst links ab bis Cordshagen, dort rechts nach Blankenhagen

DÄNSCHENBURG

Ein wundertätiger Brunnen, der einst für regen Zulauf sorgte, macht dem Gotteshaus heute Probleme.

Die kleine spätromanische Kirche in Dänschenburg wurde um 1250 als Feldsteinbau errichtet. Vermutlich im 19. Jahrhundert wurden der Ostgiebel und die Mauerkrone mit Backsteinen neu aufgemauert. Das niedrige romanische Westportal lässt darauf schließen, dass der Boden um die Mauern herum heute höher ist als noch vor Jahrhunderten. Der Fachwerk-Glockenturm wurde 1732 angebaut.

An der Ostwand ein Schnitzaltar aus dem Jahr 1722. Das ländlich-barocke Kunstwerk ist stark vom Holzwurm befallen und bedarf dringend der Restaurierung. Zwei Gemälde stellen die Kreuzigung und die Auferstehung Christi dar, darüber das „Auge Gottes", von einem Strahlenkranz umgeben. Die Kanzel, ebenfalls vom Holzwurm durchlöchert, steht auf einer verzierten Granitschale. Die tönernen Bodenfliesen darunter sind von der Feuchtigkeit ganz grün. Der Sage nach befand sich an dieser Stelle einst ein Gesundbrunnen. Dieser soll so gut gegen alle möglichen Krankheiten geholfen haben, dass die Ärzteschaft der Umgebung beschloss, dem Brunnen die Heilkraft zu nehmen. Sie veranlassten einen Schäfer, seinen Hund in der Quelle zu ertränken, die daraufhin versiegte.

DÄNSCHENBURG
Auf den Feldsteinbau wurde später der Ostgiebel aufgemauert

Neben der Kanzel eine Figur der Anna Selbdritt vom Anfang des 16. Jahrhunderts. Ein Tafelbild an der Nordwand zeigt den Tod der Maria im Kreise der Apostel Es wurde wohl zwischen 1500 und 1525 angefertigt, die abgebildeten Personen tragen Bekleidung im Stil des Mittelalters. Vielleicht ließ der Maler sich von älteren Vorbildern inspirieren. Böse Zungen mutmaßen dagegen, die Region sei schon damals so rückständig gewesen, dass die seit 100 Jahren aus der Mode gekommene Kleidung dort noch getragen wurde. Das Gemälde, das von hinten wie ein schlichter Balken aussieht, lag bis etwa 1850 umgedreht vor dem Altar. Erst dann wurde es entdeckt und wieder aufgehängt.

Die Kirche von Dänschenburg verdankt es dem Einsatz der Dorfbewohner, dass sie zu DDR-Zeiten nicht zusammenfiel. Gemeinsam folgten sie 1973 dem Aufruf des Pfarrers, das vom Schwamm befallene Gotteshaus zu retten. Die Decke wurde erneuert, das Dach neu eingedeckt und das Turmdach mit neuen Holzschindeln belegt. 1994 erfolgte eine erneute, umfangreiche Schwammbekämpfung. Der Dachstuhl über dem Kirchenschiff wurde repariert und der Dachreiter auf dem Ostgiebel erneuert.

Info

BESICHTIGUNG Auf Anfrage

PFARRAMT Dorfstr. 25 18182 Blankenhagen Fon 038201 837

ANFAHRT Von Rostock auf der B 110 Richtung Sanitz, kurz vor dem Ort links ab in Richtung Ribnitz-Damgarten. Oder Autobahnabfahrt Sanitz, links durch den Ort in Richtung Rostock und dann hinter dem Ortsausgang rechts ab in Richtung Ribnitz-Damgarten nach Dänschenburg

ZWISCHEN RIBNITZ UND WUSTROW

Graal-Müritz 107
Dierhagen 108
Wustrow 109
Ribnitz St. Marienkirche 110
Ribnitz Ehemaliges Klarissenkloster 111

GRAAL-MÜRITZ

Ein neuromanisches Gotteshaus – für die Region eher untypisch –, das im Oktober 1908 geweiht worden ist.

Auch diese Kirche baute der Schweriner Hofbaurat Gotthilf Ludwig Möckel. An der Nordwand hängt ein Bildnis von Großherzog Friedrich-Franz IV. (regierte 1897-1918): „Er finanzierte die Kirche", steht darunter. Das Innere wirkt freundlich, das Licht jedoch ist durch die bunten Glasfenster stark gedämpft. Unter dem holzverkleideten Tonnengewölbe erstreckt sich eine überschaubare Halle mit gut erhaltener Einrichtung aus der Erbauungszeit. Der Chorraum ist mit Jugendstilornamenten bemalt. Der Altar, unten reich verziert mit goldenem Blattwerk, beschränkt sich im oberen Teil auf die Darstellung von Jesus am Kreuz. Seit 1997 hängt in der Kirche das Modell einer Yacht. Ein Rostocker Bauingenieur hat es gestiftet.

Info

BESICHTIGUNG Juni bis Oktober täglich von 15-18 Uhr. In der Winterzeit auf Anfrage
PFARRAMT Friedhofsweg 1 18181 Graal-Müritz Fon 038206 772 30
ANFAHRT Von Rostock auf der B 105 in Richtung Ribnitz-Damgarten. In Rövershagen links ab nach Graal-Müritz

Tipp

Freilichtmuseum Klockenhagen, Mecklenburger Str. 57, geöffnet April-Oktober täglich 9-17 Uhr

GRAAL MÜRITZ
Die neuromanische Gestaltung ist für die Region eher untypisch

DIERHAGEN

Die um 1850 erbaute Kirche von Dierhagen ist sehr klein, eher eine Kapelle als eine Kirche.

In den 1970er Jahren wurde der Innenraum renoviert, die Ausstattung einschließlich des Altars nahezu vollständig erneuert. Nur die Kirchenbänke stammen aus der Erbauungszeit. Interessant ist die „Fregatte von Dierhagen", ein imposantes, dreimastiges Votivschiff aus dem Jahr 1779. Der Überlieferung zufolge wurde es von Seeleuten aus dem Ort angefertigt, die es im Jahre 1811 schafften, sich erfolgreich vor den Werbern Napoleons zu verstecken. Auf Befehl des französischen Kaisers sollten damals 600 Männer aus Rostock und Umgebung für den Dienst in der französischen Marine rekrutiert werden.

Info

Besichtigung Mo bis Sa von 9-17 Uhr, So 11.30-12.30 Uhr

Pfarramt Hafenstr. 2 18347 Wustrow Fon 038220 338

Anfahrt Von Rostock auf der B 105 Richtung Ribnitz-Damgarten. In Altheide links ab Richtung Prerow. In Dierhagen an der Kreuzung rechts, dann dem Straßenverlauf nach rechts folgen

Dierhagen
Die kleine Kirche erweckt eher den Eindruck einer Kapelle

WUSTROW

Auf einem künstlichen Hügel gelegen wirkt der große neugotische Wustrower Backsteinbau, der 1869/73 entstand, besonders stattlich. Angeblich handelt es sich um den einstigen slawischen Burgwall, den der Sage nach ein Riese mit einem Schimmel in einer einzigen Nacht zusammengetragen hatte.

Auf die slawischen Ursprünge deutet auch der alte Ortsname „Swante wustrowe" (heilige Insel) hin. Früher war der Ort von Wasser umschlossen.

Das hübsche Kirchengebäude mit kreuzförmigem Grundriss hat eine Fassade aus rotem Backstein mit weiß verputzten Flächen, ähnlich wie auch Graal-Müritz und Dierhagen. Der Architekt war der Schweriner Baurat Theodor Krüger. Das Innere ist prächtig ausgemalt, der Altar zeigt die Rettung Petri aus dem Meer. Das älteste Stück der Ausstattung ist der Taufstein von 1300. Er stammt noch aus der abgebrochenen gotischen Kirche, ebenso wie ein Epitaph von 1602. Drei Votivschiffe, darunter eine Fregatte, kennzeichnen die Wustrower Kirche auch als Seemannskirche. Es lohnt sich, den Turm zu besteigen. Von dort oben bietet sich ein einmaliger Ausblick auf die Umgebung.

WUSTROW
Besonders stattlich durch die Lage auf einem Hügel

Info

BESICHTIGUNG In der Saison von 9-12 und von 14-17 Uhr geöffnet, außer Mi und Sa. Sonst auf Anfrage.
PFARRAMT Hafenstr. 2
18347 Wustrow Fon 038220 338
ANFAHRT Von Rostock auf der B 105 Richtung Ribnitz-Damgarten. In Altheide links ab in Richtung Prerow

Tipp

Fischereihafen.
Neues Kunsthaus Ahrenshoop Bernhard-Seitz-Weg 3a 18347 Ahrenshoop
Fon 038220 807 26

RIBNITZ ST. MARIENKIRCHE

Ein ursprünglich mittelalterliches Gotteshaus, dessen Aussehen heute durch das barocke Mansarddach und die geschweifte Turmhaube mit Laterne bestimmt wird.

Die dreischiffige Backsteinhalle stammt in ihren Ursprüngen noch aus dem 13. Jahrhundert. Die Folgen zweier Brände von 1455 und 1759 haben den Bau verändert. Der Brand von 1759 zerstörte nicht nur die mittelalterliche Ausstattung mit 16 Altären, sondern auch die gotischen Pfeiler und Gewölbe sowie das Dach. Unter Leitung des Ludwigsluster Hofbaumeisters Johann Joachim Busch (1720-1802) erfolgte 1765/89 ein Wiederaufbau der damals stark beschädigten Kirche. Die geschweifte Turmhaube entstand 1813 nach einem Entwurf von Carl Theodor Severin, die Laterne wird Georg Adolph Demmler zugeschrieben. Der Altaraufsatz stammt von 1781. Nur das Triumphkreuz ist älter, es kommt aus der ehemaligen Klosterkirche und ist knapp 600 Jahre alt.

Bei einer umfassenden Restaurierung 1980/85 wurde auch das Kircheninnere verändert. Gemeinderäume entstanden, das Mittelschiff wurde mit einer neuen hölzernen Balkendecke versehen. Die spätbarocke Chorausstattung blieb erhalten.

Info

BESICHTIGUNG Auf Anfrage

PFARRAMT Neue Klosterstr. 17 18311 Ribnitz-Damgarten Fon 03821 81 13 51

ANFAHRT Auf der B 105 von Rostock, die Kirche befindet sich dicht am Marktplatz

RIBNITZ ST. MARIENKIRCHE
Die geschweifte Turmhaube prägt das Aussehen

RIBNITZ EHEMALIGES KLARISSENKLOSTER

Eine betont schlichte Ordenskirche mit einer bedeutenden Sammlung mittelalterlicher Schnitzfiguren.

Das einstige Klarissenkloster, 1323 durch Fürst Heinrich II. von Mecklenburg gestiftet, beherbergt heute das Deutsche Bernsteinmuseum. Die Klarissen, ein weiblicher Orden der Franziskaner, lebten in strenger Klausur, fast ohne jeden Kontakt zur Außenwelt. Trotz der darin aufgestellten Vitrinen vermittelt das Innere der 1325 begonnenen, schlichten Bettelordenskirche mit ihren bunt gemusterten Kreuzrippen noch immer sakrale Größe.

Die Klosterkirche ist voll von bedeutenden Kunstschätzen. Auf der so genannten Nonnenempore befinden sich die Schnitzfigur des „Christus im Elend" und die ausdrucksvolle Büste einer Heiligen aus dem 14. Jahrhundert, die in Danzig entstand. Da ist die Statue der Heiligen Katharina von Alexandrien aus dem 16. Jahrhundert und das traurigschöne Antlitz der Heiligen Klara, 1330 in Lübeck geschnitzt. Sechs im Kloster selbst gemalte Bildtafeln zeigen das Leben der Maria. In Tempera auf Holz erscheint die heilige Jungfrau als natürliche Schönheit mit langen goldblonden Haaren.

Die vier Fenstern der Nonnenempore sind mit Glasmalerei des 19. Jahrhunderts geschmückt. Zu sehen sind eine Kreuzigungsgruppe mit Maria und Johannes, die Geburt und die Taufe Christi, die Auferstehung. Während ein Schriftband die Kreuzigungsgruppe als Stiftung zum Gedächtnis der 1898 verstorbenen Konventualin Maria v. Oertzen aus dem Hause Gorow ausweist, sind die Geburts- und die Taufszene Stiftungen der 1910 verstorbenen Konventualin Hedwig von Winterfeld. Das Auferstehungsfenster mit der Jahreszahl 1899, eine Tiroler Glasmalerei, erinnert an die Konventualin Christine Mann aus Rostock, die aus dem Rostocker Zweig der berühmten Lübecker Schriftstellerfamilie stammte.

Schon der Vorraum, der auf der Westseite Zugang zum Kirchenschiff gewährt, ist in seiner Altertümlichkeit beeindruckend – seit dem 18. Jahrhundert scheint sich hier so gut wie nichts geändert zu haben. Ein wohl 300 Jahre altes Beichtgestühl, daneben der Kalkstein-Sarkophag der Katharina v. Behr aus dem 18. Jahrhundert, haben an dieser Stelle die Zeitenläufe überdauert. Fast wähnt man, eine der Bettelordensschwestern in ihrer altertümlichen Tracht aus der Kirche kommen zu sehen. Die letzte Äbtissin, Herzogin Ursula von Mecklenburg, starb 1586. Obwohl schon 1549 die Reformation im Land eingeführt worden war, wurde das Kloster erst nach ihrem Tod aufgelöst. Sie galt damals als letzte Katholikin Mecklenburgs. Ein aufwändiges Wandgrabmal erinnert an sie, 1590 im Renaissancestil von dem niederländischen Bildhauer Philipp Brandin gefertigt, der im Güstrower Dom weitere Wandgräber für Mitglieder der fürstlichen Familie schuf.

Von 1599-1918/19 diente das Kloster als evangelisches Damenstift. Seither gab es keine Neueinschreibungen mehr. Die letzte Domina, Olga v. Oertzen, stand den verbliebenen Stiftsdamen von 1940 bis zu ihrem Tod 1961 vor. Der resoluten Dame, die gerne mal eine Zigarre rauchte und allen äußeren Einflüssen zum Trotz der Stadt Ribnitz treu blieb, ist vor dem Kloster ein Denkmal gesetzt.

Ribnitz Klarissenkloster
Heute das „Deutsche Bernsteinmuseum"

Ribnitz Klarissenkloster
Statue der heiligen Katharina

Info

Besichtigung Während der Öffnungszeiten des Bernsteinmuseums. April-Oktober 9.30-18 Uhr, November-März Mi bis So 9.30-17 Uhr Fon 03821 46 22 www.bernsteinmuseum.info

Anfahrt Von Rostock auf der B 105 nach Ribnitz-Damgarten. Am Marktplatz rechts ab in die Neue Klosterstraße

Tipp

Museumskirche St. Jürgen in Barth. Das ehemalige Pest-Spital beherbergt das Niederdeutsche Bibelzentrum. Zu sehen ist u. a. die Barther Bibel, eine 1588 gedruckte, niederdeutsche Übersetzung des Luther-Textes. Sundische Straße 52, Fon 038231 776 62. Geöffnet täglich außer Mo 10-18 Uhr

Von Barth Pilgerpfad zum Wunderbrunnen im Nachbarort Kenz. In der Kirche befindet sich das hölzerne Grabbild des Herzogs Barnim VI. von Pommern-Wolgast, der 1405 an der Pest starb und in der Kenzer Kirche begraben wurde. Außerdem sind dort wertvolle Glasmalereien in den Chorfenstern (um 1430)

Der Pilgerpfad führt weiter nach Starkow (südlich der B 105), wo sich ebenfalls eine sehenswerte gotische Kirche befindet

ZWISCHEN SANITZ, BAD SÜLZE UND GNOIEN

Sanitz 114
Thulendorf 115
Tessin 116
Zarnewanz 117
Thelkow 118
Vilz 119
Cammin 120
Petschow 122
Weitendorf 123
Basse 124
Walkendorf 126
Dettmannsdorf-Kölzow 127
Bad Sülze 128
Behren-Lübchin 129
Gnoien 130

SANITZ

Die Feldsteinkirche wurde Mitte des 13. Jahrhunderts errichtet. Drei ausladende Gewölbe schirmen den Innenraum. Bemerkenswert: Die schwere Eichentür des Chorportals mit ihren eisernen Beschlägen stammt wohl noch aus der Zeit um 1300.

Gleich links von der Eingangstür an der Südwand befindet sich die mit geschnitzten Evangelistenfiguren geschmückte Kanzel von 1694, gestiftet von Vicke v. Grabow und seiner Frau Gustava Magdalena v. Mecklenburg. Ein Patronatsgestühl von 1592 trägt die Wappen der Familien v. Behr und v. Preen. An der östlichen Wand des Schiffes sind Reste einer Ritterfigur aus dem 14. Jahrhundert zu sehen. Der Altar ist im Stil des ausgehenden 18. Jahrhunderts gefertigt, er zeigt ein Bild von Christus am Ölberg, das 1811 von Rudolph Suhrlandt gemalt wurde. Suhrlandt (1781-1801) war Hofmaler des Herzogs Friedrich Franz I. (regierte 1785-1837). Er porträtierte die Fürstenfamilie und Mitglieder der mecklenburgischen Gesellschaft. Das gotische Sakramentshaus stammt aus dem 15. Jahrhundert.

SANITZ
Die Eichentür des Torportals öffnet sich seit 700 Jahren

1936 wurden die Gewölberippen renoviert und neu bemalt. 1969 nahm man die Emporen vor den Fenstern der Nord- und Südseite heraus. Auch die Orgel wurde von der Altarempore genommen, stattdessen ein kleineres Instrument auf der Nordseite aufgestellt.

Info

BESICHTIGUNG Auf Anfrage

PFARRAMT Fritz-Reuter-Straße 16 18190 Sanitz Fon 038209 424

ANFAHRT Von Rostock auf der B 110 Richtung Sanitz. Im Ort von der B 110/Rostocker Str. rechts ab auf die John-Brinckmann-Straße, links ab auf die Fritz-Reuter-Straße. Oder durch Sanitz bis zum Kreisverkehr, dort rechts ab auf die Tessiner Straße und rechts auf die Fritz-Reuter-Straße

THULENDORF

Eine kleine mittelalterliche Dorfkirche unweit von Sanitz.

Der 1982/83 renovierte Innenraum wirkt hell und freundlich. Damals wurden neue Bodenfliesen verlegt, die Deckenbalken erneuert und neue Lampen aufgehängt. Auch das Gestühl wechselten die Thulendorfer aus, die Eichen dafür holten die Gemeindemitglieder selbst aus dem Wald. Über dem Nordeingang hängt ein interessantes Gemälde von 1727: das Gleichnis der zehn törichten und klugen Jungfrauen. Die Klugen tragen einen Heiligenschein, die Törichten eine Krone. Auffällig ist die Kanzel, 1702 von Kapitänleutnant Joachim v. Huhnmörder und Dorothea v. Levezow gestiftet: Drei Frauen mit nackten Brüsten und Halskette zieren die Brüstung, ein grobschlächtig wirkender Mann mit Bart trägt das Ganze. Die Bedeutung dieser freizügig gestalteten Figuren ist rätselhaft. Das Altarbild stammt von 1664, Jesus steht vor seinem Richter Pontius Pilatus.

Bei der Renovierung traten 12 Weihekreuze an den Wänden zutage, vor dem Chor an der Südwand legten die Restauratoren ein lebensgroßes Fresko von Johannes dem Täufer frei, das aus der Erbauungszeit der Kirche, dem 15. Jahrhundert, stammen muss.

Info

Besichtigung Auf Anfrage

Pfarramt Fritz-Reuter-Straße 16 18190 Sanitz Fon 038209 424

Anfahrt Von Rostock auf der B 110 Richtung Sanitz, hinter Broderstorf links ab nach Thulendorf

Thulendorf
Der Innenraum wurde in den 1980er Jahren mit viel Engagement renoviert

TESSIN

Der älteste Teil der Tessiner Kirche ist der Feldstein-Chor, der um 1250 begonnen wurde. Das Langhaus entstand im 14. Jahrhundert in Form einer dreischiffigen Basilika.

Einen Turm, wie die meisten mittelalterlichen Kirchen in der Umgebung, hat das Tessiner Gotteshaus nicht. 1849 erfolgte der Anbau eines neugotischen Glockenhauses an der Westfassade.

An der Südseite des Chores befindet sich ein spitzbogiges Priesterportal aus Backstein. Es wird durch ein Säulenpaar mit Schaftringen und Knospenkapitellen geziert.

Die beeindruckenden Gewölbe sind innen rot bemalt – Teil der neugotischen Gestaltung des Kirchenraumes durch Gotthilf Ludwig Möckel von 1896/98. Die Restaurierung war schon seinerzeit stark umstritten. Er baute die Nordsakristei und die westliche Vorhalle neu. Auch Gestühl, Kanzel und Altar wurden erneuert. Die barocken Ausstattungsstücke ließ Möckel entfernen. Sie wurden eingelagert und später in die Kirche von Buchholz gebracht. Dort wurden sie nach einem Brand benötigt. Ein Überbleibsel der Barockzeit in Tessin ist ein Leuchter von 1730, der den Stifternamen Jochim Behrens trägt.

Vier starke Pfeiler in der sehr hohen Halle deuten darauf hin, dass ursprünglich die Errichtung eines Gewölbes geplant war, es kam aber nie zur Ausführung. Die Decke ist mit schlichten Balken gedeckt.

Die Orgel ist ein Werk des Stralsunder Orgelbaumeisters Friedrich August Mehmel von 1878. Bis 1960 war sie tief romantisch gestimmt. Dann wurde sie generalüberholt und hat seither einen aufstrebenden, barocken Klang.

Abgesehen von kleineren Erhaltungsarbeiten in den 1920er Jahren und 1960 wurde der Innenraum nie renoviert. Die Wände weisen entsprechende Schäden auf. Von außen wirkt die Kirche dagegen sehr schmuck: 1994/98 ließ die Gemeinde die Außenwände für DM 800.000 komplett sanieren.

Info

BESICHTIGUNG Auf Anfrage
PFARRAMT Rostocker Str. 5 18195 Tessin Fon 038205 132 43
ANFAHRT Von Rostock auf der B 110 über Sanitz. Oder A 20 Abfahrt Tessin

Foto siehe Seite 117

ZARNEWANZ

Die Kirche von Zarnewanz hat eine eigenartige Geschichte. Sie befindet sich im ehemaligen Speisesaal des Gutshauses, wo sie 1930 eingerichtet wurde.

Das Gut war damals von der Familie v. Bassewitz aufgegeben und parzellenweise an Siedler aus anderen Teilen Deutschlands verkauft worden. Diese wollten ihre eigene Kirche haben, so kam es zu einer ungewöhnlichen Lösung, die bis heute Bestand hat.

Der ehemalige Speisesaal des Herrenhauses wurde zu einem kirchlichen Raum umgewidmet. Der Altar befindet sich vor einer großen Flügeltüre, die Gesangbücher sind im ehemaligen Speiseaufzug gestapelt. Vor der Wende befand sich allerdings auch die Schule des Ortes im Gutshaus. Die damals nicht mehr als zeitgemäß angesehene Kirche sollte aus dem Gebäude ausziehen, wofür aber letztlich die rechtliche Handhabe fehlte. 1974 sorgte ein Vertrag für Ruhe. Die Bedingung: Eine feste Trennwand zwischen Kirchenraum und Schule musste eingezogen werden. 2001 feierte die kleine Kirche ihr 70jähriges Jubiläum.

Info

BESICHTIGUNG Auf Anfrage
PFARRAMT Rostocker Str. 5 18195 Tessin Fon 038205 132 43
ANFAHRT Aus Richtung Rostock auf der B 110 in Tessin an der Kirche links abbiegen

ZARNEWANZ
Kirchensaal im einstigen Gutshaus

TESSIN
Ein Turm fehlt dem Gotteshaus

THELKOW

Eine hübsche, kleine Feldsteinkirche, etwa 1260 bis 1280 erbaut. Zwei Gewölbe verleihen dem Schiff vornehme Größe.

Der Schnitzaltar stammt aus dem 15. Jahrhundert. Im 18. Jahrhundert wurde er auf einen barocken Altaraufbau montiert. Die ausdrucksvollen, vor einem blauen Hintergrund angebrachten Figuren sind unbemalt, teils sind noch Reste von Vergoldung zu erkennen. Hinter dem Altar befindet sich eine Sakramentsnische.

Ältestes Ausstattungsstück der Kirche ist die Granittaufe aus dem 13. Jahrhundert. Die schlichte hölzerne Kanzel ist von 1680. Eine Patronatsloge aus dem 18. Jahrhundert ist erhalten, dazu ein Epitaph mit dem Namen v. d. Lühe. Bis 1920 hatte die Familie v. Raven die Hälfte des Kirchenpatronats, die andere Hälfte der Staat. Dann folgte ein katholischer Gutsbesitzer, so dass das Patronat ganz an das Land Mecklenburg fiel. Das wohl 150 Jahre alte Gestühl ist ausgesprochen einfach und recht unbequem.

Die eigenwillige Farbgebung der Kirche – die Gewölbebögen sind orangegelb bemalt – stammt aus den 1930er Jahren. Im Jahre 2002 wurde das Dach für 96.000 Euro saniert.

Info

BESICHTIGUNG Auf Anfrage
PFARRAMT Rostocker Str. 5 18195 Tessin Fon 038205 132 43
ANFAHRT Von Rostock kommend hinter Tessin auf der B 110 links ab, über Kowalz

THELKOW
Die kleine Feldsteinkirche wurde im 13. Jahrhundert errichtet

VILZ

Die wohl um 1250 erbaute, turmlose Kirche von Vilz wurde 1994 bis 1997 innen und außen für eine Million DM aus Mitteln der Deutschen Stiftung Denkmalschutz total restauriert. Besonders sehenswert ist das Maßwerk am Giebel über dem Westportal.

Doch auch die bewegten Schnitzfiguren des spätgotischen Altars sind etwas Besonderes. Er soll aus einer Antwerpener Werkstatt stammen und ursprünglich für die Kirche von Laage angefertigt worden sein. Die Flügel des Altars zeigen Passionsszenen. Einen echten Importaltar aus Antwerpen konnten sich freilich nur die reichen Gemeinden leisten. Aber in den lokalen Werkstätten erfreute sich die figurenreiche, realistisch erzählende Darstellungsweise der Niederländer großer Beliebtheit und wurde gern nachgeahmt.

VILZ
In dreijähriger Arbeit innen und außen restauriert

Nur der Chorraum ist überwölbt, das Schiff hat eine Holzbalkendecke. Zwei Gestühlswangen mit Wappen von 1575 sind erhalten.

Info

BESICHTIGUNG Auf Anfrage
PFARRAMT Rostocker Str. 5 18195 Tessin Fon 038205 132 43
ANFAHRT Von Rostock kommend auf der B 110, nächster Ort hinter Tessin

CAMMIN

Der turmlose Feldsteinbau liegt sehr idyllisch, gleich hinter dem Friedhof befindet sich das romantische Fachwerk-Pfarrhaus. Von dort aus hat man einen sehr schönen Blick zu dem im 15. Jahrhundert errichteten, spätgotischen Eingangsportal und die Kirche.

In seiner zinnenförmigen Bekrönung weist das Mauerwerk des Backsteintores vier glasierte Reliefkacheln mit Heiligenfiguren auf. Das Kirchengebäude selbst macht von innen einen geräumigen, jedoch wenig spektakulären Eindruck. Die Backstein-Portaleinfassungen an den Außenmauern stammen aus dem 13. Jahrhundert.

Der beeindruckend gestaltete Altar entstand um 1500. Bemerkenswert sind die bewegte, vielfigurige Kreuzigungsszene, aber auch die qualitätvollen Tafelbilder an den Altarflügeln. Aus der gleichen Zeit stammt auch das lebensgroße Kruzifix. Prachtvoll ist die reich beschnitzte Rokoko-Kanzel aus dem Jahr 1732. Am Korb finden sich die Figuren Christi und der Evangelisten. Der Schalldeckel wird von einem Pelikan bekrönt, Symbol für den Opfertod. Der Pelikan, so glaubte man, nährte seine Jungen mit dem eigenen Blut, bis er selbst starb.

CAMMIN
Der Altar beeindruckt in seiner Gestaltung

CAMMIN
Reich geschmückte Kanzel im Rokoko-Stil

CAMMIN
Altes Gestühl der Patronatsfamilie

CAMMIN
Maria Magdalena auf einer Altartafel

Ein altes Gestühl von 1573 trägt die Inschrift „Margarete Pren, Clawes Kossen seligen Husfruwe". Das Rittergeschlecht von Koss hatte das Kirchenpatronat inne, davon zeugt auch noch der Grabstein des Johannes Koss aus dem 14. Jahrhundert. Er befindet sich in der Sakristei und ist mit einer eingeritzten Figur des Verstorbenen geschmückt.

Die Orgel baute Hans Hantelmann aus Lübeck im Jahre 1722, ein Schüler des bekannten Orgelbaumeisters Arp Schnitger. Damals entstanden neben dem barocken Orgelprospekt auch die raumbestimmenden Emporeneinbauten. Mit Hilfe der Hamburger Zeit-Stiftung konnte die weitgehend original erhaltene Orgel, die zu den wertvollsten Instrumenten in Mecklenburg zählt, in den Jahren 2002/03 für DM 300.000 restauriert werden. 1957 wurde das Kircheninnere renoviert. Leider verschwand damals die Patronatsloge.

Info

BESICHTIGUNG Auf Anfrage

PFARRAMT An'n Pauhl 3 18195 Cammin Fon 038205 139 32

ANFAHRT Von Rostock kommend kurz hinter dem Ortsausgang Tessin von der B 110 rechts ab

PETSCHOW

Die alte Kirche von Petschow ist voller wunderbarer Kunstschätze. Immer wieder erregt außerdem eine mumifizierte Hand Aufsehen. Sie wird nur zu besonderen Anlässen gezeigt. Es könnte sich um die Hand eines Ermordeten handeln, so jedenfalls eine von vielen Deutungen.

Es war früher üblich, dass Erschlagenen, zumal wenn der Täter flüchtig war, eine Hand abgelöst und an dem Ort aufbewahrt wurde, an dem der Totschlag geschehen war. Die Hand vertrat im Prozess quasi den Verstorbenen, der ja selbst nicht mehr Klage führen konnte. Fand man den Mörder, wurde die Hand mit der Leiche beigesetzt. Fand man ihn nicht, blieb sie unbestattet. In der Damshäger Kirche bei Klütz waren früher sogar zwei rechte Hände ausgestellt, die heute jedoch eingemauert sind.

PETSCHOW
Voller wunderbarer Kunstschätze

Die Kirche wurde Mitte des 13. Jahrhunderts erbaut. Schon im Eingangsbereich stößt der Besucher auf Grabplatten der Patronatsfamilie v. Preen, so den Grabstein des Joachim v. Preen mit seinem Reliefbildnis von 1578. Interessant sind die Gewölbemalereien aus der Mitte des 14. Jahrhunderts. Sie wurden 1896/98 bei einer Restaurierung erneuert. In den Gewölben werden die Jugend und die Passion Christi dargestellt, aber auch das Jüngste Gericht, die Legende des heiligen Nikolaus und einzelne Heilige, so der an der Küste als Schutzpatron der Fischer beliebte Christophorus. Hinter dem Altar findet sich die Tür einer Sakraments-Nische, herrlich geschnitzt. Diese Arbeit vom Ende des 14. Jahrhunderts zeigt Christus, der sich schmerzvoll am Kreuz krümmt. Daneben prangt das Stifterwappen der Familie v. Preen. Neben dem Eingang zur Sakristei ist ein Sakramentsschrank mit fein geschnitztem Turmaufbau, der in die gleiche Zeit datiert werden kann.

Die Wand über der Orgelempore hat starke Risse. Renoviert wurde in Petschow das letzte Mal vor etwa 100 Jahren. Die Paul-Schmidt-Orgel von 1783 mit ihrem klassizistischen Prospekt dagegen wurde vor zehn Jahren restauriert. Große Teile sind original erhalten. Einmalig ist auch die Kalksteintaufe von etwa 1240 sowie die Bronzeglocke aus dem 14. Jahrhundert.

Info

BESICHTIGUNG Auf Anfrage
PFARRAMT An'n Pauhl 3 18195 Cammin Fon 038205 139 32
ANFAHRT Von Rostock kommen auf der B 110 hinter dem Ortsausgang Tessin rechts ab in Richtung Cammin. Hinter Weitendorf rechts ab nach Prangendorf, Gubkow und Petschow

WEITENDORF

Zwar ist das Gotteshaus von Weitendorf nur sehr klein, eigentlich nur eine Kapelle, dennoch birgt es einige Kunstschätze. Vor allem die Kanzel ist sehenswert.

Die flachgedeckte Saalkirche entstand im 15. Jahrhundert. Das bedeutendste Stück ist wohl die Kanzel, die wahrscheinlich aus dem 18. Jahrhundert stammt. Sie wird von einem herrlich gestalteten Walfisch getragen. Dies erinnert an die biblische Geschichte des Propheten Jonas, der von einem Wal verschluckt und wieder ausgespien wurde. Seine Geschichte soll an dieser Stelle auf den christlichen Erlösungsgedanken hinweisen.

WEITENDORF
Eigentlich nur eine Kapelle

Das unscheinbare Patronatsgestühl an der Südwand vor dem Chor trägt u. a. das Wappenschild der Familie v. Bassewitz. Es stammt aus derselben Zeit wie die Kirchenbänke, die die Jahreszahl 1708 tragen. Die hölzerne Decke des Schiffes wurde 1995 erneuert.

Die Tür an der Südwand der Kirche ist wahrscheinlich 300 Jahre alt, ebenso der zugehörige Schlüssel. Im Türbogen ist die Jahreszahl 1664 eingeritzt – vielleicht wurde der Eingang damals erneuert. 1990 wehte ein Sturm die Spitze des kleinen Glockenturmes auf dem Dach ab. Der Hahn verschwand in jener Nacht, er wurde erneuert.

Info

BESICHTIGUNG Auf Anfrage
PFARRAMT An'n Pauhl 3 18195 Cammin Fon 038205 139 32
ANFAHRT Von Rostock kommen auf der B 110 hinter dem Ortsausgang Tessin rechts ab in Richtung Cammin, vorher aber rechts ab nach Weitendorf

BASSE

1364 wird die Kirche erstmals urkundlich erwähnt. Es geht um eine Stiftung der Brüder Johann und Vicke Moltke. Vermutlich übte die Familie damals schon das Patronat aus und ließ auch die Kirche erbauen. Doch auch die v. Bassewitz haben, wie schon der Name vermuten lässt, enge Beziehungen zum Ort, der früher einmal „Basseuitze" hieß.

Schon im Mittelalter gab es deshalb Eifersüchteleien zwischen den beiden Geschlechtern. Ende des 16. Jahrhunderts kam es zu einem langwierigen Gerichtsprozess infolge gewalttätiger Zertrümmerung des Kirchengestühls der Moltkes. Strittig war auch der Neubau eines Erbbegräbnisses auf dem Kirchhof durch Vicke v. Bassewitz. Im Urteil wird das Patronat der Moltkes bestätigt. 100 Jahre später aber haben die Bassewitz es geschafft: Die Moltkes überlassen ihnen das Patronat gänzlich.

Der Feldsteinchor mit Domikalgewölbe stammt bereits aus dem 13., das Backstein-Langhaus aus dem 14. Jahrhundert. Obwohl als Basilika konzipiert, erscheint die Kirche von außen eher gedrungen.

Erst nach dem Eintreten zeigt sich, wie groß der Innenraum tatsächlich ist. An der Nordseite befinden sich zwei Patronatsemporen. Eine in üppiger barocker Gestaltung mit Verglasung, sie stammt aus dem Jahr 1711 und zeigt auf mehreren Tafeln das Wildschwein-Wappen derer v. Bassewitz. Der Legende nach rettete Ritter Bernd v. Bassewitz seinem mecklenburgischen Landesherren das Leben, indem er ihn, der Spur eines Keilers folgend, aus dem Kampfgetümmel in Sicherheit brachte. Das vom Fürsten verliehene Wappen führte zur Namensbildung. Eber oder Keiler hießen früher auch Basse. Eine schlichtere, unbemalte Empore daneben stammt aus der Reformationszeit.

Im Kirchenraum verteilt finden sich weitere, schwarz-weiß gestrichene sogenannte Herrschaftsgestühle aus der Mitte des 16. Jahrhunderts, geschmückt mit geschnitzten Ritterhelmen und den Wappen der Familien v. Behr, v. Bassewitz und v. Moltke.

Auffallend gut restauriert ist das Epitaph des 1592 verschiedenen Victor v. Bassewitz, Erbherr auf Lühburg. In schwarz-silberner Rüstung kniet der Verstorbene, vor ihm liegt sein abgesetzter Helm. Ihm gegenüber knien zwei Damen – wohl seine Frau Magdalene v. Moltke und seine Tochter Anna Victoria. Das Werk stammt aus der Güstrower Werkstatt des Brandin-Nachfolgers Claus Midow.

Der schlanke, für die Proportionen der Kirche etwas hoch geratene Barockaltar von 1729 zeigt Gemälde des Abendmahls, der Kreuzigung und des Pfingstwunders.

Im Eingangsbereich an der Nordseite sind einige Grabsteine aufgestellt. Der älteste, mit Wappen der Familie v. Bassewitz und Minuskelschrift, stammt von 1391. Ein Grabstein von von 1572 ist mit den Relieffiguren des Vicke v. Bassevitz und seiner Frau geschmückt. Die übrigen Platten sind aus dem 15. und 16. Jahrhundert.

BASSE
Von außen wirkt der Bau eher gedrungen, innen aber sehr großräumig

1962/64 wurde die Kirche renoviert. Im Nordseitenschiff, links vom Eingang, sind bemalte Glasfenster aus dem 15. und 16. Jahrhundert erhalten. Sie wurden 1988 restauriert.

Info

BESICHTIGUNG Offene Kirche, normalerweise täglich geöffnet, genaue Zeiten im Pfarramt
PFARRAMT Haus Nr. 5 17179 Basse Fon 039972 512 53
ANFAHRT Von Rostock auf der B 110 über Sanitz und Tessin. Oder A 20 Abfahrt Tessin, weiter auf der B 110

WALKENDORF

Die einzigartigen Wandmalereien machen Walkendorf zu einer der bedeutenden Kirchen der Region.

Der zweijochige Backsteinsaal wurde in der zweiten Hälfte des 13. Jahrhunderts mit kuppelförmigen Kreuzrippengewölben und Strebepfeilern erbaut. Außergewöhnlich ist die reiche, gut erhaltene Wand- und Gewölbemalerei, freigelegt von dem Rostocker Kirchenrestaurator Lothar Mannewitz. Die Fresken entstanden etwa 1370/80. Das östliche der beiden Gewölbe des Kirchenschiffs ist mit einer Darstellung der Marienkrönung geschmückt, darunter der Weltenrichter und die Apostel. Ein Stück weiter, an der Südseite, Christus in der Vorhölle, die heilige Elisabeth und der heilige Martin zu Pferde. Gegenüber Christus auf dem Ölberg mit Petrus und Paulus. Im östlichen Gewölbe sind die Verkündigung, die Kreuzigung und der heilige Michael dargestellt. Auf der Südseite die heiligen drei Könige und Johannes, darunter zwei törichte Jungfrauen. Im Norden ist Christophorus dargestellt.

WALKENDORF
Wandmalereien machen die Kirche bedeutend

Die kunstvollen Schnitzfiguren des gotischen Altars auf goldenem Grund sind besonders beeindruckend. Sie wurden in der zweiten Hälfte des 15. Jahrhunderts hergestellt. Der ans Kreuz geschlagene Jesus wird von einer 14köpfigen Trauergesellschaft bejammert. Fast expressionistisch wirkt das leidvoll verzerrte Gesicht eines kahlköpfigen Mannes unter dem Kreuz, der entsetzt die Hände an die Wangen hält. Ein stummer Schrei scheint sich seinen geöffneten Lippen zu entringen.

Die Bemalung auf der Rückseite der Altarflügel ist neuer, sie stammt wohl vom Beginn des 18. Jahrhunderts. Auf dem Friedhof, hinter dem Westportal, steht eine uralte Linde.

Info

BESICHTIGUNG Auf Anfrage

PFARRAMT Haus Nr. 5 17179 Basse Fon 039972 512 53

ANFAHRT Von Rostock kommend auf der B 110 hinter Tessin rechts ab, über Woltow. Oder weiter auf der B 110 und hinter Basse rechts ab, über Strietfeld

DETTMANNSDORF-KÖLZOW

Der verschachtelt wirkende Feldsteinbau entstand um 1250. Den Innenraum überwölbt eine hölzerne Tonnendecke. Besonders sehenswert sind die mittelaterlichen Malereien im Altarraum (1983/85 freigelegt und restauriert).

An der Nordseite des Gewölbes ist ein Mönch dargestellt, der anscheinend eine Keule trägt. Der längliche Gegenstand über seiner Schulter ist aber auch schon als Posaune gedeutet worden. Löwe und Greif kämpfen miteinander, schlicht gekleidete Dorfbewohner tanzen zur Musik eines Flöte spielenden Ziegenbockes, vor ihnen liegt ein ausgelaufenes Weinfass. Die Darstellungen werden in die zweite Hälfte des 13. Jahrhunderts datiert.

Altar und Kanzel sind barock. Der architektonisch aufgebaute Altaraufsatz von 1736 wird von einer Strahlensonne mit auferstandenen Christus bekrönt. Die reich dekorierte Kanzel entstand 1783. Gegenüber vom Altar befindet sich eine Empore mit verschiedenen Adelswappen, u.a. v. d. Lühe, v. Oertzen, v. Hahn und v. Moltke. Die bronzene Tauffünte im Renaissancestil stiftete Gutsbesitzer Adolf v. Prollius 1934.

Info

BESICHTIGUNG Auf Anfrage
PFARRAMT An der Kirche 3 18334 Kölzow Fon 038228 223
ANFAHRT Von Rostock auf der B 110 bis Sanitz, weiter in Richtung Grimmen und Bad Sülze, hinter Dettmannsdorf rechts ab

DETTMANNSDORF-KÖLZOW
Der verschachtelt wirkende Feldsteinbau birgt Malereien aus der Erbauungszeit

BAD SÜLZE

Die imposante Stadtkirche von Bad Sülze stammt aus dem 13. Jahrhundert. Im 15. Jahrhundert entstand der Westturm, dessen Obergeschoss mit seinem achteckigen Helm wurde im Jahr 1892 aufgesetzt. Die Unterschiede zwischen den älteren und den neueren Ziegelsteinen sind gut zu erkennen.

Ältestes Teil der Ausstattung ist der Taufstein aus der zweiten Hälfte des 13. Jahrhunderts. Das verspielteste ist wohl der Taufengel aus der zweiten Hälfte des 18. Jahrhunderts, der lange auf dem Boden lagerte und inzwischen wieder an seinen alten Platz zurückgekehrt ist. Kanzel und Orgelprospekt sind ebenfalls der Rokokozeit zuzuordnen. Auch die Orgel ist ein wertvolles Stück: sie wurde 1772/74 von Christian Heinrich Kersten fertig gestellt. Das neugotische Altarbild malte der Schweriner Hofkünstler Gaston Lenthe.

BAD SÜLZE
Die Erweiterung lässt sich an den Ziegeln leicht erkennen

Info

BESICHTIGUNG Auf Anfrage
PFARRAMT Am Kirchplatz 1
18334 Bad Sülze
Fon 038229 74 20
ANFAHRT Von Rostock auf der B 110 über Sanitz, weiter Richtung Grimmen. Hinter dem Ortsschild Bad Sülze links zur Ortsmitte. Oder auf der A 20 Abfahrt Bad Sülze

Tipp

Tribsees (nächste A 20 Abfahrt hinter Bad Sülze). Mittelalterliches Stadtbild, gotische Kirche mit Mühlenaltar und Buchholz-Orgel. Besichtigung im Sommer: Mo bis Fr 10-12 Uhr und 13-16 Uhr. Sa 10-12 Uhr und 14-16 Uhr. So nach dem Gottesdienst und 14-16 Uhr. Im Winter auf Anfrage Fon 038320 309

BEHREN-LÜBCHIN

Der Feldsteinbau aus dem 13. Jahrhundert fällt zum einen durch seinen barock geschwungenen Turmhelm auf. Zum anderen zieht die Apsis aus romanischer Zeit den Blick auf sich. In ihrer halbkreisförmigen, geschwungenen Form ist sie eine Seltenheit in Mecklenburg.

Der Innenraum ist entgegen dem verheißungsvollen äußeren Erscheinungsbild recht schlicht ausgestattet. Auffällig ist die bauliche Gestaltung des Altarraumes, der vom flachgedeckten Schiff durch den Triumphbogen wie abgetrennt scheint. Sein flaches Kuppelgewölbe mit Stichkappen scheint aus dem beginnenden 18. Jahrhundert zu stammen. Der Altar ist von 1712. Rechts vor dem Altarraum steht die Kanzel, hinter der mittelalterliche Fresken freigelegt wurden. Vermutlich sind noch mehr Wandmalereien vorhanden, sie sind jedoch durch den weißen Putz aus neuerer Zeit verdeckt. Die Orgel wurde laut Inschrift auf der Empore 1863 eingebaut. An der Nordwand des Kirchenschiffs sind zwei Grabplatten. Die eine trägt die Wappen der Familien v. Hobe und v. Göben, die andere erinnert an den Kammerjunker und Provisor des Klosters Ribnitz, Heino Behr, der 1694 starb. Auf die Familie v. Behr deutet auch die Wetterfahne auf dem Kirchturm hin, die nicht die Form eines Hahnes, sondern die eines Bären hat, das Wappentier der Familie.

BEHREN-LÜBCHIN
Romanische und barocke Bauformen sind kombiniert

1870/72 wurde die Kirche restauriert. Aus dieser Zeit stammen vier Fenster im Chor und in der Apsis mit geometrischen Mustern und Blütenrosetten. An der Südseite der Kirche sind ein Rundbogenportal und die Priesterpforte bemerkenswert. Im Chorbereich blieben Reste mittelalterlicher Fugenmalerei erhalten.

Info

BESICHTIGUNG Auf Anfrage

PFARRAMT Dorfstr. 38 17179 Behren-Lübchin

ANFAHRT B 110 von Rostock über Sanitz und Tessin bis Gnoien. Vor dem Ort links ab in Richtung Bad Sülze. Oder A 20 Abfahrt Gnoien, Richtung Gnoien

GNOIEN

Um 1255 wurde der Chor begonnen. Um 1400 entstand das Langhaus, der Turm 1445. 1877/81 wurde die Kirche restauriert, dabei wurde die Nordvorhalle neu gebaut und die Südsakristei umgebaut. Bemerkenswert ist das zu Beginn des 14. Jahrhunderts nachträglich zweischiffig eingewölbte Hallenlanghaus – das ist relativ selten in Mecklenburg.

Besonders eindrucksvoll ist die reich gegliederte Ostfassade mit ihren schwarz glasierten Schmuckziegeln. Der Innenraum ist durch seine neugotische Ausstattung geprägt. Die um 1300 entstandenen Gewölbemalereien im Chor wurden damals ebenfalls erneuert.

Der sehenswerte Schnitzaltar stammt von 1510/20. Im Mittelschrein ist die apokalyptische Madonna auf der Mondsichel zu sehen, umgeben von vier weiblichen Heiligen. Die Altarflügel bebildern Reliefs aus dem Marienleben. Der Taufstein ist aus dem 15. Jahrhundert. Die reich geschnitzte Renaissancekanzel von 1596 wurde aus dem Innenraum entfernt und in den Turm gebracht. Ältestes Stück ist eine Marienfigur aus der Zeit um 1400.

GNOIEN
Relativ selten: das zweischiffige Hallenlanghaus

Info

BESICHTIGUNG Auf Anfrage
PFARRAMT Am Kirchenplatz 11
17179 Gnoien Fon 039971 124 06
ANFAHRT B 110 von Rostock über Sanitz und Tessin bis Gnoien. Oder A 20 Abfahrt Gnoien

Tipp

Klosteranlage Dargun mit Zisterzienser-Kirchenruine (B 110 Richtung Demmin)
Dorfkirche Altkalen, mit einmaligen Wandmalereien aus dem 13. Jahrhundert

ZWISCHEN KRÖPELIN, NEUKLOSTER, POEL UND WISMAR

Neubukow 132
Kröpelin 133
Biendorf 134
Westenbrügge 135
Passee 136
Neuburg 137
Kirch Mulsow 139
Dreveskirchen 140
Alt Bukow 142
Kirchdorf auf Poel 143
Neukloster 145
Bäbelin 148
Hornstorf 149
Goldebee 150
Lübow 151
Zurow 152

NEUBUKOW

Die eindrucksvolle Stadtkirche von Neubukow stammt aus dem 13. Jahrhundert. Im 15. Jahrhundert wurde der Turm angebaut. Die dreischiffige Backsteinhalle weist einen beeindruckenden Ostgiebel auf.

Bei der Renovierung 1857/58 wurde das Innere durch neugotische Holzemporen verstellt, so dass der Kirchenraum heute beengt wirkt. 1862 erfolgte der Einbau einer Friese-Orgel, die 2003 restauriert worden ist. Der Altaraufsatz ist ebenfalls neugotischen Formensprachen verpflichtet. Die reich geschnitzte Eichenholz-Kanzel stammt von Anfang des 17. Jahrhunderts. Die Fenster, die monumentale, biblische Ganzfiguren darstellen, wurden 1912 von dem Berliner Glasermeister Carl Busch angefertigt.

Interessantestes Stück der Ausstattung ist die urtümlich anmutende Granittaufe aus dem 13. Jahrhundert. Sie stammt aus Alt Karin und gelangte um 1950 in die Neubukower Kirche. Zuvor diente sie jahrelang als Blumenschale im dortigen Gutsgarten. Es geschah nicht selten, dass so archaisch wirkende Taufen zweckentfremdet ihr Dasein fristeten. Erst im 20. Jahrhundert erkannte man ihre Bedeutung und führte sie ihrer ursprünglichen Nutzung wieder zu.

Eine Besonderheit ist die außen an der Südwand angebrachte, vollkommen intakte Sonnenuhr von 1410. Daneben, an der Südwand des Turmes, sitzen in einiger Höhe Feldsteine im Backsteinmauerwerk. Diese Feldsteine, so erzählt man sich in der Stadt, dienten dazu, Löcher im Mauerwerk zu flicken, die durch den Beschuss mit Kanonenkugeln entstanden sein sollen. Bei einer Untersuchung mit einem Metalldetektor wurde festgestellt, dass sich hinter den Feldsteinen tatsächlich Metall befindet.

An der West- und Nordseite des 52 Meter hohen Turmes befinden sich Terrakotta-Figuren der Mutter Gottes und des heiligen Nikolaus, die in der Wismarer Bauhütte gebrannt worden sind.

Im Pfarrhaus gegenüber der Kirche erblickte übrigens am 6. Januar 1822 der Forscher Heinrich Schliemann, späterer Entdecker von Troja, das Licht der Welt. 1883 wurde das alte Pfarrhaus abgerissen und durch den jetzigen Bau ersetzt.

Info

BESICHTIGUNG Auf Anfrage
PFARRAMT Mühlenstr. 3 18233 Neubukow Fon 038294 164 66
ANFAHRT Von Rostock auf der B 105 über Kröpelin oder A 20 Abfahrt Kröpelin, in Kröpelin links auf die B 105 Richtung Wismar abbiegen

Tipp

Heinrich-Schliemann-Gedenkstätte, Am Brink 1, geöffnet 15. Mai – 14. September Di bis Fr 10-18 Uhr, Sa und So 14-17 Uhr, 15. September-14. Mai Di bis Fr 10-16 Uhr, Sa 14-16 Uhr
Foto siehe Seite 133

KRÖPELIN

Der stattliche Backsteinbau wurde um 1270 begonnen. Das breitere dreijochige Schiff ist ein Werk des 14. Jahrhunderts. Noch später, im 15. Jahrhundert, entstand das Sockelgeschoss des wuchtigen Westturms.

An der Chorostwand blieben Reste einstiger Wandmalerei aus dem 14. Jahrhundert erhalten, so u.a. ein heiliger Christophorus. 1901 und 1948 erfolgten Restaurierungen. Die neugotische Altarwand weist eine Kreuzigungsdarstellung von Gaston Lenthe auf (1857). Kanzel und Orgelempore sind gute Handwerksarbeiten des 18. bzw. 19. Jahrhunderts. Die barocke Kanzel hat jedoch – offenbar 1948 – durch unpassende, laienhafte Bemalung stark gelitten. Erwähnenswert ist das bronzene Taufbecken von 1508, das der Rostocker Andreas Ribe geschaffen hat.

Info

BESICHTIGUNG Auf Anfrage
PFARRAMT Am Kirchenplatz 3 18236 Kröpelin Fon 038292 789 28
ANFAHRT Von Rostock auf der B 105 oder auf der A 20 Abfahrt Kröpelin

KRÖPELIN
Bauzeit erstreckte sich über 3 Jahrhunderte

NEUBUKOW
Hier wurde Heinrich Schliemann getauft

BIENDORF

Die hübsche, kleine Feldsteinkirche mit Holzturm stammt aus dem 14. Jahrhundert. Das Dach ist mit Zementziegeln aus DDR-Zeiten eingedeckt.

Der Innenraum trägt die Gestalt von 1907. Damals wurden Kanzel und Gestühl von alten Farbschichten befreit und in einem Eichenholzfarbton gestrichen. Der Ziegelfußboden wich gemusterten Zementfliesen. Die Kanzel von 1665 trägt das Allianzwappen der Familien v. Bibow und v. Buchwald. An der Südwand, gleich gegenüber vom Eingang, hängt das schönste Stück der Kirche: ein Kruzifix aus der zweiten Hälfte des 15. Jahrhunderts.

Bemerkenswert ist die wohl ins 13. Jahrhundert zu datierende Tauffünte aus Granit, die seit 1907 unter den Linden auf der Nordseite der Kirche steht. Sie war schon im 19. Jahrhundert aus der Kirche entfernt worden. Der Fuß, verziert mit vier heidnisch wirkenden Gesichtern, fand sich erst später. 2004 begann eine Sanierung des Dachstuhls und des Mauerwerks.

Info

BESICHTIGUNG Auf Anfrage

PFARRAMT Liskowstr. 3 18230 Ostseebad Rerik Fon 038296 782 36

ANFAHRT Auf der B 105 von Rostock über Kröpelin, in Neukloster rechts ab in Richtung Kühlungsborn. In Zweedorf rechts ab nach Biendorf. Oder auf der A 20 Abfahrt Kröpelin ebenfalls über Neukloster

BIENDORF
Mittelalterliche Baukunst trifft auf Dachziegel aus DDR-Zeiten

WESTENBRÜGGE

Der Backsteinbau mit drei Kreuzrippengewölben stammt aus der zweiten Hälfte des 15. Jahrhunderts. Etwa 100 Jahre später wurde der Turm angebaut. Interessant ist der imposante dreiteilige Staffelgiebel des südlichen Anbaus aus dem beginnenden 16. Jahrhundert.

Der Altaraufsatz ist eine Arbeit aus dem 18. Jahrhundert, wobei der mittelalterliche Altarschrein eingearbeitet wurde. Die Figur des gekreuzigten Christus entstand um 1500. Die Kanzel wurde 1727 gefertigt. Auf der Kanzelverkleidung und den Wänden sind Tauben und Bibelszenen dargestellt. Über der Kanzel hängt eine 250 Jahre alte Holztaube. Die Taube ist Symbol des heiligen Geistes. Erhalten ist auch eine Bronzeglocke von 1384, sie trägt das Wappen der Familie v. Bibow und zeigt Reliefbilder der Mutter Gottes und des Gekreuzigten.

Info

BESICHTIGUNG Auf Anfrage
PFARRAMT Mühlenstr. 3 18233 Neubukow Fon 038294 164 66
ANFAHRT Auf der B 105 von Kröpelin in Richtung Neubukow hinter Sandhagen links ab

WESTENBRÜGGE
Imposanter Staffelgiebel

WESTENBRÜGGE
Gruft

PASSEE

Die winzige, turmlose Backsteinkirche von Passee gehört zu den romantischsten der Gegend. Zu Beginn des 14. Jahrhunderts wurde sie errichtet. 1317 hatte ein Ritter Gerd v. Ketelhodt das Kirchenpatronat – er könnte der Erbauer gewesen sein.

Gleich neben der Kirche befindet sich der alte Burghügel. Heute vermittelt vor allem das efeuumrankte Portal an der Südwand einen malerischen Eindruck.

Neben dem Südportal und an der Ostseite sind Jahrhunderte alte Sonnenuhren in die Steine geritzt. Vor dem Westportal steht ein morscher, halb eingestürzter Glockenstuhl aus dem 18. Jahrhundert. Die Bronzeglocke, laut Inschrift in einer Rostocker Werkstatt gegossen, hängt jetzt in einem eisernen Gerüst vor der östlichen Südwand.

Im Inneren befinden sich eine Emporenbrüstung von 1586 und die Kanzel von 1702 – der Gesamteindruck ist jedoch bescheiden. 1998 wurde das Dach neu eingedeckt.

Info

Besichtigung Auf Anfrage im Pfarramt Neuburg
Pfarramt Hauptstr. 36
23974 Neuburg
Fon 038426 202 24
Anfahrt A 20 Abfahrt Kröpelin in Richtung Kröpelin, an der ersten Kreuzung links ab Richtung Satow. In Goldberg rechts ab

Passee
Efeuranken unterstreichen den romantischen Eindruck

NEUBURG

Die stattliche Kirche von Neuburg ist eine der ältesten der Region. Schon 1220/26 -1244 wurde sie als basilikale Residenzkirche erbaut. Ihre Größe hat sie dem damaligen Status Neuburgs als Fürstensitz zu verdanken, dort befand sich eine Hauptburg der Landesherren.

Die Seitenschiffe wurden bald – wohl um 1300 – wieder abgebrochen. Der Ort Neuburg scheint schon wenige Jahrzehnte nach der Erbauung der Kirche so entscheidend an Bedeutung verloren zu haben, dass der Erhalt der Seitenschiffe nicht mehr vernünftig erschien. Heute zeugen noch die damals zugesetzten rundbogigen Arkaden an den jetzigen Außenmauern von den ehemals ausladenden Ausmaßen des Gotteshauses. Der Kirchturm wurde 1361 vollendet.

Der Gesamteindruck des Inneren ist überwältigend. Bei einer Restaurierung 1980 wurden üppige Fresken freigelegt. Die Halle ist sehr hell, der Blick des Eintretenden fällt sogleich auf den aufwändigen barocken Altar (1763) und die spätgotische Triumphkreuzgruppe im Bogen vor dem Chorraum. Sie ist fünffigurig, zwei Engel wurden dem Gekreuzigten sowie Maria und Johannes zur Seite gestellt (wohl zweite Hälfte 15. Jahrhundert).

Die 1980 freigelegten Wand- und Gewölbemalereien sind zeitlich unterschiedlichen Ausmalungsschichten zuzuordnen. Wohl aus dem 14. Jahrhundert stammen Fragmente einer Abendmahlsdarstellung, einzelne Heilige – so Christophorus und Georg zu Pferd – mögen um 1400 entstanden sein, weitere Szenen stammen von 1584. Selbst an barocken Ornamenten, Wandbehängen und Engeln fehlt es nicht.

An der Nordwand des Chorraumes steht der mit zahlreichen Familienwappen geschmückte Grabstein des 1598 verstorbenen Daniel v. Plessen, ihm zu Ehren von seiner Gattin Margreta v. Krosigk gesetzt. "Mit welcher ehr in werendem Ehestande 15 Kinder gezeuget", wie es in der Inschrift heißt. An der Wand hängt eine Holztafel mit Fragmenten gotischer Bemalung – der Überrest des mittelalterlichen Altars. Beeindruckend ist die dicke Holztüre einer Sakramentsnische mit Kleeblattbogenschluss und eisernen Beschlägen. Die Innenseite der Türe ist grün, mit goldenen Sternen geschmückt. Sie wird ins 14. Jahrhundert datiert. Die Orgel wurde 1868 eingebaut, ein Werk der Schweriner Orgelbauwerkstatt Friese.

Einzigartig ist das Fragment eines vermutlich aus dem 14. Jahrhundert stammenden Taufbeckens aus gotländischem Kalkstein. Schon der Schweriner Archivar Friedrich Lisch (1801-1883) berichtete darüber, er entdeckte es 1855 in der Türschwelle. Die Reste der Relieffiguren an dem Bruchstück, die Apostel darstellten, erweckten seine Aufmerksamkeit. Zwei weitere Fragmente der Taufe fand er auf einem Schutthaufen. Er nahm sie mit und deponierte sie im Schweriner Museum. Es handele sich um Reste der „vielleicht kunstreichsten" gotischen Kalksteintaufe im ganzen Land, urteilte Lisch. Die Sache geriet dann in Vergessenheit und es war im Jahre 1985, als der Pastor beim Aufräumen des Turmes das besagte Schwellenstück zufällig wiederfand. Schwedische Wissenschaftler untersuchten es

NEUBURG
Die Ausstattung ist beeindruckend

NEUBURG
Sakramentsnische aus dem 14. Jahrhundert

1995 und bestätigten Lischs Einschätzung: Weltweit gibt es nur eine weitere Taufe aus gotländischem Kalkstein, die solche Relieffiguren aufweist und zwar im Museum von Malmö. Eine ähnliche, allerdings mit Ritzfiguren, findet sich in der Kirche von Levenhagen bei Greifswald. Die von Lisch ins Museum gebrachten Bruchstücke sind heute verschwunden.

Info

BESICHTIGUNG Auf Anfrage

PFARRAMT Hauptstr. 36 23974 Neuburg Fon 038426 202 24

ANFAHRT A 20 Abfahrt Neukloster, rechts nach Züsow und dort links Richtung Wismar. Die Straße führt zur B 105, dort rechts in Richtung Neubukow. In Steinhausen links ab nach Neuburg

Tipp:

Ungefähr 250 Meter südwestlich der Kirche befindet sich ein Burgwall, der um 1171 bis ca. 1229/44 als landesherrliche Anlage ausgebaut worden ist. 1252 erfolgte die Verlegung des Fürstensitzes nach Wismar

KIRCH MULSOW

Das Stimmungsvollste an der Feldsteinkirche von Kirch Mulsow ist wohl das Ambiente, der verwunschene Friedhof mit seinen alten Bäumen und Grabsteinen.

An der Nordseite der Kirche befindet sich ein Steinsarkophag, die Grabstelle des 1817 verstorbenen Besitzers des Rittergutes namens Gersdorff. Die eiserne Grabplatte eines 1837 gestorbenen Kindes der Familie v. Reichhoff ist in den Stamm einer alten Eiche eingewachsen, die hinter dem Westgiebel steht.

Das Innere der im 14. Jahrhundert errichteten Kirche ist nicht sehr beeindruckend – abgesehen von der Kreuzigungsgruppe auf dem Altar, die aus dem 15. Jahrhundert stammt.

Info

BESICHTIGUNG Auf Anfrage im Pfarramt Steinhausen-Neuburg

PFARRAMT Hauptstr. 36 23974 Neuburg
Fon 038426 202 24

ANFAHRT A 20 Abfahrt Neukloster, rechts nach Züsow und in Züsow links Richtung Wismar. Die Straße führt zur B 105, dort rechts in Richtung Neubukow. Hinter Steinhausen rechts ab

KIRCH MULSOW
Mittelalterliche Holzskulptur

KIRCH MULSOW
Die Kirche liegt eingebettet in ein stimmungsvolles Ambiente

DREVESKIRCHEN

Prunkstück der Kirche in Dreveskirchen ist die wunderschön restaurierte Barockorgel aus dem Jahr 1754. Sie ist das älteste überlieferte Werk des Rostocker Orgelbauers Paul Schmidt und fast vollständig erhalten.

Die handgegossenen Bleipfeifen gehören zu den wenigen im Land, die im Ersten Weltkrieg nicht konfisziert wurden. 1999 bis 2001 wurde die Orgel mit Hilfe der Zeit-Stiftung für rund DM 300.000 liebevoll restauriert. Die Pfeifen sind versilbert und mit einem Hauch Blattgold versehen. Auf dem Prospekt prangt die Jahreszahl 1754. Auch die zweigeschossige Orgelempore ist noch original erhalten. Der Klang des Meisterwerks ist sehr edel, besonders hervorzuheben ist das zarte Flötenregister. Die Orgel ist gestimmt wie zu Zeiten Johann Sebastian Bachs. Kein Wunder, dass der Orgelsommer in Dreveskirchen mit seinen gut besuchten Konzerten jedes Jahr ein musikalisches Ereignis besonderer Güte ist.

Die Kirche selbst ist eine Tochterkirche des Neuburger Gotteshauses. Der älteste Teil ist der Chor mit der Nordsakristei, der 1245/53 erbaut wurde. 1260/70 kam das zweijochige Schiff dazu, im 14. Jahrhundert entstand das Sockelgeschoss vom Westturm. Seine neugotischen Obergeschosse mit Blendengiebeln und achteckigem Helm sind ein Werk des späten 19. Jahrhunderts. Am Außenbau von Chor und Schiff zeigen sich reiche, sehr verschiedenartige Detailformen, am Chor teilweise mit Resten schwarzer Glasuren. Bemerkenswert sind die sorgsam profilierten Portale.

DREVESKIRCHEN
Die Barockorgel von 1754 ist das Prunkstück

Dreveskirchen
Die Christusdarstellung wirkt sehr ausdrucksstark

Der Altarraum der Kirche hat ein urtümlich anmutendes, kuppelförmiges Kreuzrippengewölbe, während die Gewölbe im Schiff ihr gotisches Gepräge nicht verleugnen. Beide Raumteile trennt ein schwerer spitzbogiger Triumphbogen.

Das Kircheninnere trägt ein barockes Gepräge. Der Altaraufsatz – ein architektonischer Aufbau – ist in die erste Hälfte des 18. Jahrhunderts zu datieren. Die reich verzierte Kanzel entstand 1736. Wohl wenig später dürfte die Patronatsloge eingebaut worden sein. Sie trägt das Wappen der Familie v. Goeden. Aufmerksamkeit verdient eine zusammengestellte Triumphkreuzgruppe, wobei die Ausdruckskraft des Gekreuzigten (wohl Anfang 16. Jahrhundert) stark ist. Auch die Anfang des 15. Jahrhunderts gearbeitete Bischofsfigur sollte nicht unerwähnt bleiben.

Info

Besichtigung Auf Anfrage
Pfarramt Schulstr. 6 23974 Dreveskirchen Fon 038427 275
Anfahrt Von der B 105 in Neubukow rechts ab in Richtung Insel Poel und Wismar. Oder von Wismar ebenfalls in Richtung Poel, dann aber weiter Richtung Rerik

Tipp

Dreveskirchener Orgelsommer
Holländerwindmühle Stove

ALT BUKOW

Ein massiver, rechteckiger Turm und ein vergleichsweise filigranes Schiff kennzeichnen die Backsteinkirche von Alt Bukow.

Der kreuzrippengewölbte Backsteinbau wird ins 15. Jahrhundert datiert. Im westlichen Teil der Kirche fallen ältere, in Feldsteinbauweise aufgeführte Partien auf. Bemerkenswert ist das reich profilierte Westportal. Die neugotische Innenausstattung stammt aus dem 19. Jahrhundert. Der Raum wird mitbestimmt durch ein um 1960 von Lothar Mannewitz geschaffenes Glasfenster, das den Auferstandenen zeigt. In den 1990er Jahren wurde die Kirche grundlegend restauriert. Erwähnenswert ist die historische Friese-Orgel. Ein kleiner, später überarbeiteter Flügelaltar mag im späten 15. Jahrhundert entstanden sein.

ALT BUKOW
Der massive Turm dominiert

Info

BESICHTIGUNG Auf Anfrage

PFARRAMT Schulstr. 6 23974 Dreveskirchen Fon 038427 275

ANFAHRT In Dreveskirchen oder im Nachbarort Stove rechts ab über Niendorf nach Alt Bukow. Oder von Neubukow auf der B 105 Richtung Wismar, in Teschow rechts ab

KIRCHDORF AUF POEL

Die einzige Kirche auf der Insel Poel entstand um 1220/30. Sie blieb in großen Teilen erhalten und zeichnet sich durch eine Reihe von romanischen Details aus. Mitte des 13. Jahrhunderts entstand der Turm, Bauarbeiten um 1320/30 verliehen dem Bauwerk sein heutiges Aussehen.

Das mittelalterliche Gotteshaus befindet sich innerhalb der Erdwälle einer bereits im Dreißigjährigen Krieg schwer beschädigten und im 19. Jahrhundert abgebrochenen Festung. Die Festungsanlage entstand um 1620 nach Plänen von Ghert Evert Piloot in Form eines fünfstrahligen Sterns mit Schloss und Außenwerk, wobei die Kirche in die Befestigung mit einbezogen war.

Um die unterirdischen Gänge und Gewölbe der ehemaligen Festungsanlage rankt sich eine Sage: Drei Jungen sollen sich beim Spielen in den Kasematten verirrt haben und in einen erleuchteten Saal gelangt sein. Dort saß eine uralte Frau, zu deren Füßen ein zotteliger, schwarzer Pudel lag. Die Frau forderte die Jungen auf, näher zu kommen und kämmte einem mit einem goldenen Kamm die Haare. Er verwandelte sich vor den Augen seiner entsetzten Spielgefährten in einen Pudel, die beiden anderen flohen, starben aber bald darauf. Bis heute schickt die Alte alle zehn Jahre zu Mitternacht ihre Pudel durch die Festungsanlage. Menschen können die Geisterhunde nicht sehen, nur das Vieh spürt ihre Anwesenheit. Zuflucht vor dem Spuk könnte die Kirche bieten, wenn sie nachts nicht abgeschlossen wäre.

Die Poeler Kirche verfügt über eine bemerkenswerte Innenausstattung und ist deshalb besonders sehenswert. Gleich nach dem Eintreten ins Schiff fällt der Blick auf das Triumphkreuz, das an der Nordwand vor dem Chor in die Wand eingelassen ist. Die Plastik wurde vermutlich im 15. Jahrhundert geschnitzt, mag aber auch älter sein. Allein dieser anrührenden Christusdarstellung wegen lohnt sich ein Besuch der Kirche.

Sehenswert ist auch ein kleiner Schnitzaltar aus der Zeit um 1500. Im Mittelschrein ist die apokalyptische Madonna auf der Mondsichel zu sehen, umgeben von vier musizierenden Engeln. Der Engel unten links spielt auf einem Portativ, einer tragbaren Kleinorgel, die im Mittelalter gebräuchlich war. Im rechten Flügel ist oben die Anbetung des Jesuskindes zu sehen, unten die Heiligen drei Könige. Links oben wird Maria die Geburt Christi verkündet, darunter die Beschneidung Jesu, in der Ecke eine Frauenfigur mit einer interessanten mittelalterlichen Haube.

Der Altar im Chor mit seinen großen, bemalten Schnitzfiguren entstand um 1420. Die Hauptzone zeigt die Marienkrönung, flankiert von Heiligen und Aposteln. Weiter links an der Nordwand steht ein großes Zeesboot. 1936 stiftete es der Bruder eines Poeler Fischers. Der Begriff Zeese bezeichnet das Schleppnetz des Bootes – ein damals noch in der Region verbreiteter Typ. Im Windfang an der Südseite der Kirche ist eine frühgotische Grabplatte mit Scheibenkreuz erhalten. Im 13. Jahrhundert war diese Kreuzform beliebt, sie sollte die Herrlichkeit der Auferstehung verdeutlichen.

Kirchdorf auf Poel
Triumphkreuz, geschnitzt im 15. Jahrhundert

Kirchdorf auf Poel
Modell eines Zeesboots

1740 kauften die Poeler sich eine Orgel. Sie war 1704 für die Kirche in Neukloster gebaut worden, wurde dort aber nicht gebraucht. 1871 wurde sie überholt, 1917 tauschte man die Zinnpfeifen gegen Zink aus. Die letzte Überholung 1969 lief quasi auf einen Neubau hinaus, der 1982 abgeschlossen war. Auf der Empore von 1704 wurde der alte Wetterhahn aus dem 18. Jahrhundert angenagelt. Er war 1995 bei einem Orkan von der Turmspitze heruntergefallen. Im gleichen Jahr musste der Turm saniert werden. Die Stiftung Denkmalschutz trug die Hälfte der Gesamtkosten von rund DM 500.000. 2001 wurde die Turmuhr erneuert und 2003 investierte die Gemeinde DM 55.000 in die Restaurierung von drei Fenstern.

Info

Besichtigung Von Pfingsten bis Ende August ist die Kirche täglich von 10-17 Uhr geöffnet. Sonst auf Anfrage

Pfarramt Möwenweg 9 23999 Kirchdorf Fon 038425 424 59

Anfahrt Von der B 105 in Neubukow abbiegen nach Poel. Oder von Wismar: Der Straße durch Poel in Richtung Timmendorf folgen, Kirche links

Tipp

Leuchtturm Timmendorf

NEUKLOSTER

Die beeindruckende Klosterkirche war früher Teil des Benediktiner-, dann Zisterzienser-Nonnenklosters St. Maria und St. Johannes im Sonnenkamp. 1219 wurde es nahe der Burg Kussin gegründet.

Damals begann auch der Kirchenbau, der etwa 1240 vollendet war. In Ausmaßen und Erscheinungsbild orientiert sich der stolze, vorzüglich ausgeführte Bau mit seinen 12,50 m hohen, schlanken Gewölben am Ratzeburger Dom. Der Grundriss hat die Form eines Kreuzes. 1865/67 wurde die spätromanische Kirche gotisierend renoviert. Die Gestaltung des Innenraums, die Bemalung der Wände und Decken sowie das Gestühl stammen aus dieser Zeit. Die Orgel baute Carl Friedrich Friese aus Schwerin im Jahre 1860.

Im nördlichen Teil des Querschiffs, gleich am Haupteingang, steht der um 1500 vermutlich in einer Lübecker Werkstatt geschnitzte, prachtvolle Altar. In der Mitte ist die Madonna zu sehen, links Anna Selbdritt und rechts die Heilige Katharina von Alexandrien mit dem Schwert. In der wohl von einem älteren Altar stammenden Predella darunter sind mehrere Reliefszenen aus der Heimsuchung und der Passion Christi zusammengestellt.

Bedeutend sind die Reste von Glasmalereien an den Chorfenstern, die noch aus spätromanischer Zeit erhalten sind. Sie entstanden um 1250 und sind damit die ältesten erhal-

NEUKLOSTER
Der prachtvolle Altar entstand vermutlich in einer Lübecker Werkstatt

NEUKLOSTER
Die Kirche war früher Teil eines Nonnenklosters

tenen Glasbilder Norddeutschlands. 1950/51 wurden die Fenster restauriert und teils ergänzt. Dargestellt sind fünf schlanke Heiligenfiguren, überwiegend Frauen. Vom romanischen Stil zeugt insbesondere der Faltenwurf der Gewänder.

An der Westseite des Langhauses führen einige Stufen hinunter in die Klausurräume des Klosters. Dort stehen nicht nur zwei Modelle der historischen Klosteranlage, sondern auch eine große Kalksteinschale, die wohl vom Brunnen in der ehemaligen Klausur stammt.

In der östlichen Ecke des Friedhofes steht der um 1400 erbaute Glockenturm. Die älteste Glocke darin ist von 1461. 1704 wurde der Turm als Gefängnis genutzt – möglicherweise ein Hexenturm, wie der Volksmund solche Gefängnisse in anderen Städten nannte. 1989 brannte der Turm, im Jahr darauf wurde er restauriert.

Der Sage nach hatten die Zisterzienser-Nonnen vor der Reformation einen Schatz von Goldstücken angelegt, um im Falle der Zerstörung des Klosters für einen Neuanfang gerüstet zu sein. Dieser Schatz soll, in einer goldenen Wiege aufbewahrt, bis heute in einem unterirdischen Raum auf dem Klostergelände versteckt sein. Ein schwarzer Truthahn mit glühenden Augen bewacht ihn. Nähert sich jemand mit einer Kerze, schlägt der Truthahn mit den Flügeln, so dass das Licht verlöscht. Der Truthahn galt schon bei den Slawen als magisches Geschöpf.

Sicher ist, dass das Kloster über zahlreiche Reliquien verfügte. Es besaß Teile des Kreuzes Jesu, Reste vom Gewand und den Windeln des Herrn, den Haaren und dem Kleid der Jungfrau Maria, Haare vom Haupt Johannes des Täufers, ein Stück vom Stabe Petri, etwas von den meisten Aposteln und zahlreichen Heiligen. Interessant ist Neukloster auch für schwedische Touristen. Nach der Abtretung von 1648 diente das gleichnamige Amt viele Jahre zur Versorgung der 1689 verstorbenen Königin Christine (regierte 1632-1654).

Info

Besichtigung Auf Anfrage

Pfarramt Kirchstr. 2 23992 Neukloster Fon 038422 254 51

Anfahrt A 20 Abfahrt Neukloster. Im Ort links Richtung Bützow, rechts ab in die Kirchstraße

BÄBELIN

Eine hübsche kleine Backsteinkirche in einem Bilderbuchdorf mit reetgedeckten Bauernhäusern, abseits der großen Straßen. In dem kleinen Ort gab es der Überlieferung nach 1558 einen Pfarrer namens Jochim Friderich, der mit dem Katechismus nicht Bescheid wusste.

Die flachgedeckte Saalkirche stammt aus dem 15. Jahrhundert. Der niedrige neugotische Westturm wurde 1872 vorgebaut. Aus dekorativen Gründen sind den Backsteinmauern Lagen aus Feldstein beigemischt, was im spätmittelalterlichen Kirchenbau wiederholt anzutreffen ist. Auch die Innenausstattung der Kirche wurde 1872 neugotisch gestaltet, Gestühl und Altar sowie Ausmalung der Wände erneuert. Das Altarbild von Gaston Lenthe aus Schwerin zeigt die Kreuzabnahme.

BÄBELIN
Feldstein verleiht der Fassade ein besonderes Dekor

Älter sind nur die Glasmalereien in den Chorfenstern, die ins 15. Jahrhundert datiert werden. Zwei Kabinettscheiben wurden von Handwerkern und Bauern der Umgebung gestiftet. Eine Scheibe der Familie Rademacher beispielsweise, deren Nachfahren noch heute in Neukloster leben, zeigt die Ausübung des Radmacher-Handwerks. Die Scheibe stammt aus dem 18. Jahrhundert.

1996 war die Kirche stark baufällig. Für rund 400.000 Mark wurde sie restauriert, überwiegend mit EU-Mitteln. Das Schiff wurde neu eingedeckt, Wandschäden beseitigt.

Info

BESICHTIGUNG Auf Anfrage im Pfarramt Neukloster
PFARRAMT Kirchstr. 2 23992 Neukloster Fon 038422 254 51
ANFAHRT A 20 Abfahrt Neukloster, entgegengegesetzte Richtung nach Züsow. Im Ort rechts ab Richtung Satow. Kurz danach links ab nach Bäbelin

HORNSTORF

Der mit drei Gewölben versehene Backsteinsaal der Kirche von Hornstorf wurde nach 1350 errichtet. Leider ist von der mittelalterlichen Ausstattung fast nichts mehr erhalten.

Das Innere der Kirche wurde bei Kriegsende 1945 verwüstet. Der heutige Raumeindruck wird bestimmt durch die um 1400 entstandenen Gewölbemalereien, so neben der ornamentalen Fassung der Rippen im Chorbereich die Darstellung der Kreuzigung und Christus als Weltenrichter, zudem ein heiliger Laurentius, der Namenspatron dieses Gotteshauses. Neben der Renaissance-Kanzel von 1651 hat sich eine mittelalterliche Jesusfigur (Mitte 15. Jahrhundert) erhalten. Sie ist stark wurmstichig und mit Bronzefarbe überstrichen. 1979 wurde die Kirche renoviert. Damals wurde auch an Dach und Fenstern gearbeitet. Im Chor ein Fenster aus der Werkstatt des Schweriners Rudolf Carl Koenigsberg von 1910: Christus segnet die Kinder.

Hinter der Kirche an der Nordseite befindet sich eine monumentale Granitgruft, einst wohl von der Familie v. d. Lühe angelegt, die 1849 die zu Hornstorf gehörenden Güter übernahm und 1929 aus wirtschaftlichen Gründen an die Mecklenburger Landgesellschaft verkaufen musste.

Info

BESICHTIGUNG Auf Anfrage

PFARRAMT Hauptstr. 16 23974 Hornstorf Fon 03841 28 34 82

ANFAHRT A 20 bis Kreuz Wismar, auf der A 241 bis zur B 105, rechts Richtung Neubukow, nach wenigen hundert Metern in Rüggow links ab

HORNSTORF
Das Innere wurde 1945 verwüstet

HORNSTORF
Granitgruft an der Nordseite

GOLDEBEE

Auffällig an der Kirche von Goldebee ist der nicht ganz passende, mit einem flachen Zeltdach versehene Turm.

Der untere Teil wurde 1848 errichtet, als Ummantelung eines Holzturmes. Der obere stammte von 1920. 1957 war das Turmdach dann so schadhaft, dass es erneuert werden musste. Die alten Giebel, die mit Kreuzen verziert waren, wurden abgetragen – der Turm erhielt sein heutiges Aussehen. Die Kirche selbst, ein mit drei Gewölben ausgestatteter Backsteinsaal, wurde bereits zu Beginn des 15. Jahrhunderts errichtet.

GOLDEBEE
Der flachgedeckte Turm ist sehr auffällig

Schon im Dreißigjährigen Krieg wurde Goldebee stark in Mitleidenschaft gezogen. 1638 musste der Pastor samt Gemeinde nach Wismar flüchten. Als die Bewohner in ihr Dorf zurückkehrten, war das Dach der Kirche ausgebrannt und das Gewölbe drohte einzustürzen. Um Geld für die Reparatur zu beschaffen, verkaufte die Gemeinde kurzerhand die Abendmahlskelche.

1945 war in der Goldebeeer Kirche ein russisches Lazarett. Die Inneneinrichtung wurde erneut in Mitleidenschaft gezogen. Die Altarschranken fielen dem Lazarettbetrieb zum Opfer, die Orgel war danach nicht mehr spielbar. Erhalten ist der Altar von 1712, ebenso wie die schlichte Kanzel aus dem Jahr 1666. Das Taufbecken aus Kalkstein stammt wohl aus dem 14. Jahrhundert. In die Fenster sind Kabinettscheiben mit den Wappen verschiedener Geschlechter eingearbeitet, sie stammen aus dem 16. bis 18. Jahrhundert. Die Chorfenster zieren qualitätvolle Glasmalereien und Szenen aus dem Leben Christi (1909 und 1914).

1987 wurde der Innenraum der Kirche renoviert, 2003 das Kirchendach neu eingedeckt. Sehenswert ist auch das Backsteinportal der Friedhofsmauer, das wohl im 15. Jahrhundert errichtet worden ist.

Info

BESICHTIGUNG Auf Anfrage, Schlüssel in Goldebee Haus Nr. 9 Fon 038426 209 27
PFARRAMT Hauptstr. 16 23974 Hornstorf Fon 03841 28 34 82
ANFAHRT A 20 bis Kreuz Wismar, auf der A 241 bis zur B 105. Richtung Neubukow, in Benz rechts ab

LÜBOW

Erbaut als Hofkirche der ehemaligen Landesburg im benachbarten Dorf Mecklenburg ist Lübow noch heute ein stattliches Zeugnis spätromanischer Baukunst. Die Rundbogenfenster und -portale der Zeit sind überwiegend erhalten.

Bereits um 1210/27 wurde die Kirche mit dem Chor einschließlich seiner Rundapsis errichtet, 1250/60 der mächtige und hohe Turm. Im 14. Jahrhundert wurde die Apsis erhöht, Gewölbe und Strebepfeiler kamen im 15. Jahrhundert hinzu. Der Bau ist handwerklich ungemein sorgfältig ausgeführt worden. Chor und Apsis sind gewölbt, die Sakristei mag ihre Gewölbe verloren haben. Das Schiff ist mit einer flachen Holzdecke versehen.

LÜBOW
Ehemals Hofkirche der Landesburg

Innen fällt sofort der überaus prachtvoll gestaltete Chorraum ins Auge: Zwei Patronatslogen stehen vor dem reich verzierten Barockaltar. Von der Decke hängt ein Taufengel, oben im Triumphbogen ist eine Kreuzigungsgruppe zu sehen. Während die Kreuzigungsgruppe ungefähr 1450 entstand, sind die Patronatsloge an der Nordseite und der Altaraufsatz im 17. bzw. 18. Jahrhundert aufgestellt worden. Die unbemalte Patronatsloge an der Südwand stammt von 1595 und ist mit Wappentafeln versehen. Daran stehen die Namen Fineke Vieregge, Klaves van Oldenborch sowie Dryberch und v. Behr. Das Sandsteinepitaph für Ludolf v. Bassewitz datiert von 1626. Den Taufengel erhielt die Kirchgemeinde im Jahr 1769. Auch die Rückseite des Altars verdient Beachtung: 1769 renoviert, steht da, pinxit Krüger. Darunter hat Küster Johann Joachim Schwartz am 10. Dezember 1767 seinen Namen eingeritzt. Auf der Nordseite neben dem Altar befindet sich ein urtümlicher, gotischer Sakramentsschrank. Sehenswert ist die Innenseite, die Christus als Schmerzensmann zeigt (Anfang 15. Jahrhundert). Die reich dekorierte Kanzel stammt von 1769. Die Orgel wurde 1850 von der Werkstatt Friedrich Winzers in Wismar angefertigt.

1985/90 wurden Turm- und Kirchendach neu eingedeckt. 1995 erfolgte mit Hilfe der Deutschen Stiftung Denkmalschutz eine Renovierung der Innen- und Außenwände. Die Sakristei wurde zur Winterkirche umgebaut.

Info

BESICHTIGUNG Auf Anfrage, Schlüssel im alten Pfarrhaus an der Lübower Kirche bzw. in Lübow unter Fon 03841 78 03 47

PFARRAMT Hauptstr. 16 23974 Hornstorf Fon 03841 28 34 82

ANFAHRT A 20 bis Kreuz Wismar, auf der A 241 bis zur B 105, dort gleich wieder rechts ab nach Kritzow. In Kritzow wieder rechts, über Greese nach Lübow

ZUROW

Ende des 14. Jahrhunderts wurde die Kirche von Zurow als einschiffiger Backsteinbau errichtet. Mehrere Jahrzehnte später kam der quadratische Westturm hinzu. Im Mittelalter war Zurow durch ein wundertätiges Marienbild bekannt und wurde zu einem Wallfahrtsort. Nach der Reformation ging dieses Bildwerk verloren.

Dafür fand sich 1974 der Taufengel wieder ein, der um 1716 entstand. Ein Gemeindemitglied entdeckte ihn auf dem Dachboden des Gotteshauses und hängte ihn in den Eingangsbereich des Turmes. Zu Weihnachten ist er in Gebrauch, dann wird in seiner Schale die Kollekte gesammelt.

ZUROW
Schnitzaltar mit der Marienkrönung im Zentrum

Der beeindruckende Schnitzaltar im Chorraum entstand nach 1450. Im Mittelschrein ist die Marienkrönung zu sehen. Rechts davon steht Johannes der Evangelist, links Anna Selbdritt. In den Flügeln stehen elf Apostel. Die Figur in der Ecke rechts ist verschwunden. 2003 wurde sie provisorisch durch eine Schnitzfigur ersetzt, welche die heilige Barbara darstellen soll. Sie wurde im Jahr 2003 von einem Holzschnitzer aus Ludwigslust angefertigt und ist ein Geschenk an die inzwischen in den Ruhestand versetzte Zurower Pastorin Barbara Neumann. Sie diente als Vorbild für die Heiligenfigur. Auf der Rückseite des Altars finden sich noch Fragmente gemalter Passionsdarstellungen.

Eine Reihe älterer Ausstattungsstücke blieb erhalten, so die Altarschranken (1644), eine schlichte Kanzel, Teile einer Emporenbrüstung (um 1700) und ein reich geschnitzter Orgelprospekt aus dem beginnenden 18. Jahrhundert. Eine Glocke von 1462 erregt immer wieder Aufmerksamkeit. Ritzzeichnungen zeigen die Madonna und eine Bischofgestalt, einen Fuchs mit Gans, Hammer und Zange sowie am Rand umlaufende Weinranken.

Am Außenbau vom Turm bleiben die kleinteiligen, zudem glasierten Schmuckmotive bemerkenswert. Dieser Baudekor ist ohne Vorbildwirkung der benachbarten Wismarer Stadtkirchen nicht denkbar.

Info

BESICHTIGUNG Auf Anfrage, Schlüssel im Pfarrhaus Zurow, Fon 038422 209 41
PFARRAMT Hauptstr. 16 23974 Hornstorf Fon 03841 28 34 82
ANFAHRT A 20 Abfahrt Zurow

WISMAR

Heiligen Geist Kirche 154
St. Marienkirche 156
Neue Kirche 157
St. Nikolaikirche 158
St. Georgenkirche 161

WISMAR HEILIGEN GEIST KIRCHE

1249 wurde das Heiligen-Geist-Hospital zu Wismar gegründet, als Herberge für die „Armen, Elenden und Fremden". Wohl um 1320/30 entstand der riesige Kirchensaal, 40 Meter lang und 14 Meter breit. Er war zugleich Klinik und Herberge.

Schon durch die üppige barocke Bemalung der aus breiten Holzbalken gefertigten Decke wirkt der Saal sehr festlich. Wertvolle Wandmalereien zieren den Raum. Sie wurden 1977 freigelegt. So sind an der Nordwand drei mumienhafte Totengestalten dargestellt, die einen gekrönten Reiter bedrängen. Ihre linke Hand haben die "Untoten" drohend erhoben. Es handelt sich um die "Legende von den drei Lebenden und den drei Toten." Die Toten begegnen drei stolzen Königen und zeigen ihnen, was aus ihnen einmal werden wird.

Daneben stehen unter einem Fenster vier eindrucksvolle Schnitzfiguren von Maria und dem Jesuskind und den heiligen drei Königen. Sie gehörten zum Dreikönigsaltar der Georgenkirche und wurden 1430 wahrscheinlich in einer Wismarer Werkstatt gefertigt. Weiter rechts an der Nordwand ein rund 600 Jahre altes Glasfenster, das sich ursprünglich in der Marienkirche befand. Die auf Glas gemalten Szenen aus dem Leben Jesu, im Stil von Meister Bertram, bilden den bedeutendsten Zyklus dieser Art entlang der Ostseeküste. An der Südwand, rechts vom Altar entdeckten die Restauratoren ein einzigartiges Buchstabenfresko. Ausgehend von dem mittleren Buchstaben D, der nur einmal vorkommt, lassen sich in alle Richtungen die Worte "Deo Gracias" lesen ("Dank sei Gott"), in insgesamt 504 Varianten.

WISMAR HEILIGEN GEIST KIRCHE
Als Hospital und Herberge gegründet

Normalerweise nicht zur Besichtigung freigegeben ist der düstere Keller, in dem einst die psychisch Kranken untergebracht waren. Dort ist der an die Wand gemalte "Basiliskenzug" zu sehen, ein in romanischer Zeit häufig verwendetes Motiv. Der Blick des Basilisken, ein Mischwesen aus Schlange, Drachen und Hahn, ist tödlich, ebenso wie der Hauch seines Atems. Die englische Autorin Joanne K. Rowling verwendete die Fabelfigur in einem ihrer "Harry Potter"-Romane

Die vielgestaltige Ausstattung der Heiligen-Geist-Kirche kann im Übrigen nur andeutungsweise genannt werden. Eine Reihe von Schnitzaltären entstand um 1500. Als beachtliche Leistung bleibt der Martin-Georg-Schrein zu erwähnen. In einer Wismarer Schnitzwerkstatt entstanden, ahmt er lübeckische Statuen nach. Aber die Plastiken wirken derber, handfester als ihr Vorbild – man sieht hierin eine Eigenart der Wismarer Schnitzer. Nennenswert sind ferner die mittelalterlichen Gestühlswangen, die mit Wappen und Ämterzeichen verse-

WISMAR HEILIGEN GEIST KIRCHE
Aus einer Figurengruppe: König Balthasar

WISMAR HEILIGEN GEIST KIRCHE
Glasmalereien im Stil von Meister Bertram

hen sind. Sie deuten auf soziale Gruppierungen in der damaligen Zeit. Recht selten sind die beiden Stableuchter aus der Mitte des 16. Jahrhunderts, die von doppelseitigen Madonnenfiguren bekrönt sind.

Ein Blick auf die romantisch anmutenden Hospitalgebäude lohnt sich. Ihre ältesten Teile reichen bis in die 1360er Jahre. Nach der größeren Lübecker Anlage gilt das Wismarer Hospital als eines der besterhaltenen dieser Art. Städtebaulich war die Hospitalanlage am damaligen westlichen Stadtrand angeordnet. Erst nach 1250 wurde die Anlage der Neustadt im Westen und Südwesten von Wismar vorangetrieben.

Die mittelalterlich-mystische Atmosphäre des Heiligen-Geist-Spitals ging sogar in die Filmgeschichte ein. Friedrich Wilhelm Murnau drehte hier 1922 einige Szenen seines expressionistischen Stummfilm-Klassikers „Nosferatu".

Info

BESICHTIGUNG Die Kirche ist sommers täglich von 10-17 Uhr geöffnet, sonst auf Anfrage
PFARRAMT Lübsche Str. 31 23966 Wismar Fon 03841 28 35 28
ANFAHRT A 20 Abfahrt Wismar Mitte. Richtung Zentrum, über Schweriner Straße und Dankwartstraße. Links ab in die Grüne Straße, zum Parkplatz auf dem Marienkirchplatz. Zu Fuß von der Kellerstraße rechts ab in die kleine Straße Negenchören, sie mündet in die Lübsche Straße. Dort sieht man links auf der Straßenseite gegenüber schon die Heiligen Geist Kirche

WISMAR ST. MARIENKIRCHE

Der einsam in die Höhe ragende Turm von St. Marien ist heute Mahnmal für ein kulturelles Verbrechen aus DDR-Zeiten: Im August 1960 wurde das Kirchenschiff gesprengt.

Verantwortlich war die SED-Führung des Bezirkes Rostock unter dem Vorsitz von Harry Tisch. Zwar war die Marienkirche 1945 bei einem Bombenangriff schwer beschädigt worden, ebenso wie bei St. Georgen wäre der Wiederaufbau jedoch durchaus möglich gewesen. Sie war eine querschifflose Backsteinbasilika mit Umgangschor nach dem Vorbild der Lübecker St. Marienkirche.

WISMAR ST. MARIENKIRCHE
Vor der Zerstörung, historisches Foto

Der Bau von St. Marien wurde um 1270/80 begonnen, zunächst als Hallenkirche. Vom ersten Kirchenbau sind noch das Untergeschoss des Turmes und die angebauten Kapellen erhalten. Nach einem Planwechsel erfolgte seit 1339 der Umbau nach besagtem basilikalem Schema. Anfang des 15. Jahrhunderts endete das Baugeschehen mit der Fertigstellung der oberen Turmgeschosse. In der um 1380 begonnenen St. Nikolaikirche ist das System dieser Kirche weitgehend unverändert wiederholt worden. Was von der ehemals reichen Ausstattung von St. Marien erhalten blieb, befindet sich heute in der Heiligen-Geist-Kirche bzw. in St. Nikolai.

Info

BESICHTIGUNG Die aktuellen Öffnungszeiten sind bei der Tourist-Information der Stadt Wismar (Fon 03841 251 30 25) oder dem Pfarramt zu erfragen

PFARRAMT Bliedenstr. 40 23966 Wismar Fon 03841 28 25 49

ANFAHRT A 20 Abfahrt Wismar Mitte. Richtung Zentrum, über Schweriner Straße und Dankwartstraße. Links ab in die Grüne Straße, zum Parkplatz auf dem Marienkirchplatz

Tipp

Markt: Wasserkunst (Renaissancebrunnen) und Giebelhäuser. Ständige Ausstellung „Wismar – Bilder einer Stadt" im Rathaus, täglich von 10 bis 18 Uhr geöffnet (Fon 03841 251 30 25) Stammhaus der Karstadt AG, Krämerstraße/Ecke Lübsche Straße. Rudolph Karstadt begründete hier 1881 mit nur einem Angestellten sein späteres Imperium

WISMAR NEUE KIRCHE

Unweit von St. Marien und St. Georgen entstand 1950/51 die Neue Kirche, gebaut aus mittelalterlichen Backsteinen des angrenzenden, im Krieg zerstörten Gotischen Quartiers.

Es handelt sich um eine Bartning-Kirche, nach dem Modell des Bauhaus-Architekten Otto Bartning. Sehenswert ist vor allem der Altar, den so genannten Passionsaltar der ursprünglich in St. Georgen stand. Der um 1410 gemalte Flügelaltar ist in Wismar entstanden. Er vereint Formengut der Bertram-Werkstatt mit westfälischen Anregungen. Das bronzene Taufbecken entstand Mitte des 16. Jahrhunderts und stammt ebenfalls aus St. Georgen.

Info

BESICHTIGUNG Auf Anfrage

PFARRAMT Bliedenstr. 40 23966 Wismar Fon 03841 28 25 49

ANFAHRT A 20 Abfahrt Wismar Mitte. Richtung Zentrum, über Schweriner Straße und Dankwartstraße. Links ab in die Grüne Straße, zum Parkplatz auf dem Marienkirchplatz. Die Neue Kirche befindet sich an der Ecke Grüne Straße/Marienkirchplatz

Tipp

Archidiakonat unweit der Kirche, mittelalterliches Giebelhaus (um 1450), einst Teil des zerstörten Gotischen Quartiers, nach schweren Kriegsschäden 1962/63 wiederhergestellt

WISMAR NEUE KIRCHE
Errichtet aus mittelalterlichen Backsteinen

WISMAR NEUE KIRCHE
Nach einem Entwurf von Otto Bartning

WISMAR ST. NIKOLAIKIRCHE

St. Nikolai ist die ursprüngliche Pfarrkirche des ersten deutschen Siedlungskerns südöstlich vom Hafen. Das Bauwerk entstand nach dem Vorbild der Ratskirche St. Marien. Einem Schatzkasten gleich birgt St. Nikolai eine Fülle erlesener mittelalterlicher Kunstwerke.

Ein erster Bau wurde um 1270 errichtet. Die jetzt bestehende Kirche entstand ab 1380 nach dem Vorbild der seit 1339 im Bau befindlichen St. Marienkirche. Der Chor ist 1415 vollendet, das Langhaus entsteht zwischen 1435 und 1459, an den Turmobergeschossen wird noch um 1485/87 gearbeitet. 1508 ist der Turmhelm vollendet. Bei einem Sturm (1703) wird dieser zerstört, die dabei in Mitleidenschaft gezogenen Gewölbe vom Mittelschiff 1867 wiederhergestellt. Der monumentale Backsteinbau ist eine querschifflose Basilika mit polygonalem Chorschluss mit Kapellenumgang und quadratischem Westturm. Nach Norden bzw. Süden erweitern querschiffartige Seitenhallen den Kirchenraum. Das Mittelschiff hat eine Höhe von 37 Metern. Das Äußere besticht durch die Klarheit des architektonischen Systems. Bemerkenswert ist der Giebel der südlichen Seitenhalle, der durch reichen, teils sogar figürlichen Ziegeldekor ausgezeichnet ist. Im Inneren fallen großflächige Wandmalereien auf. Sie stammen aus dem 15. Jahrhundert, wurden aber 1880/81 stark erneuert. Am bekanntesten sind wohl Darstellungen des heiligen Christophorus und der „Wurzel Jesse", ein Stammbaum Christi.

Ähnlich wie die Heiligen-Geist-Kirche bewahrt auch St. Nikolai Kunstgut anderer Wismarer Sakralbauten. Die Fülle der Kostbarkeiten erlaubt nur eine punktuelle Aufzählung: Herausragende Altarwerke sind der ehemalige Hauptaltar von St. Georgen, um 1430 in einer Wismarer Werkstatt entstanden ist und seit 2003 aufwändig restauriert wird. Er zeigt insgesamt 40 Heiligenfiguren, in der Mitte ist die Marienkrönung dargestellt. Nach Größe und handwerklicher Qualität gilt er als ein Hauptwerk spätgotischer Flügelaltäre im Ostseebereich. Der Thomasaltar (um 1500) ist wegen seiner Bildthemen ungewöhnlich. Er befindet sich in einer Seitenkapelle an der Nordwand. Auf der Vorderseite ist das Leben des Thomas von Aquin dargestellt, die Rückseite ist mit prächtigen mittelalterlichen Malereien geschmückt. So oben rechts die Verjagung eines Weibes, das den heiligen Thomas verführen wollte. Er wehrte sich mit einem brennenden Holzscheit, worauf ihm Gott in der folgenden Nacht den Keuschheitsgürtel verlieh. Der so genannte Krämeraltar (um 1430) wird ebenfalls einer Wismarer Werkstatt zugeschrieben. Er wurde von Wismars Kaufleuten gestiftet. Im Mittelteil die apokalyptische Madonna mit dem Jesuskind. Links von ihr Georg der Drachentöter, rechts der schwarze Mauritius, Schutzpatron der Kaufleute. Die prächtige Triumphkreuzgruppe (um 1420) stammt aus St. Georgen.

Hinzuweisen bleibt auf die bedeutende Bronzefünte, um 1335 entstanden und wahrscheinlich ein Werk des Johann Apengeter (aus St. Marien). Das um das Becken gelegte so genannte Teufelsgitter ist mindestens 100 Jahre jünger. Ein handwerkliches Meisterwerk, das der beauftragte Schmied – so wird erzählt – nicht zu Wege bringen konnte. Da bot ihm der Teufel seine Hilfe an. Zum Preis musste der Schmied seine Seele geben – am Tag nach der Fertigstellung der Arbeit fuhr er zur Hölle. Von höchster künstlerischer Qualität ist die

Wismar St. Nikolaikirche
Der monumentale Backsteinbau beherbergt zahlreiche Kunstschätze

WISMAR ST. NIKOLAIKIRCHE
Der Schifferaltar, eines der wenigen ursprünglichen Ausstattungsstücke dieser Kirche

Bronzegrabplatte der Herzogin Sophie († 1504), inschriftlich ein Werk des Tile Bruith. Nicht unerwähnt sollen die mittelalterlichen Gestühlteile und Chorschranken bleiben. Barocke Ausstattungsstücke sind der Altar von St. Nikolai (1774) und das Taufgehänge (1719). Der Orgelprospekt entstand Anfang des 18. Jahrhunderts, teils unter Verwendung von Teilen von 1617/19.

Info

BESICHTIGUNG Auf Anfrage

PFARRAMT Spiegelberg 14 23966 Wismar Fon 03841 21 36 24

ANFAHRT A 20 Abfahrt Wismar Mitte. Richtung Zentrum, über Schweriner Straße und Dankwartstraße. Links ab in die Grüne Straße, zum Parkplatz auf dem Marienkirchplatz. Zu Fuß über Kellerstraße und Negenchören oder die Johannisstraße vom Marienkirchplatz auf die Lübsche Straße. Rechts entlang, dann links in die Krämerstraße. Die Breite Straße überqueren, die Bohrstraße entlang bis zur Frischen Grube. Dort rechts zur Nikolaikirche

Tipp

Museum Schabbellhaus, an der Ecke zur Kirche in der Schweinsbrücke, geöffnet Mai bis Oktober: Di bis So 10 - 20 Uhr; November - April: Di bis So 10 - 17 Uhr
Im Ratskeller sind die Grabskulpturen des Generals von Wrangel und seiner Gattin von 1647 aus der Marienkirche ausgestellt

WISMAR ST. GEORGENKIRCHE

St. Georgen ist Zeugnis des Wiederaufbauwillens nach der Wende, ähnlich wie die Dresdner Frauenkirche. Die teils eingestürzte Basilika entsteht wieder neu.

Die Baugeschichte von St. Georgen ist verwickelt. Ein erster Bau ist für 1260/70 belegt. Nach mehrfachem Planwechsel entstand der jetzige, ins Kolossale gesteigerte und damit die wirtschaftlichen Möglichkeiten der Auftraggeber überfordernde Bau ab 1404. Gegen Ende des 15. Jahrhunderts war an eine Ausführung der geplanten Gesamtanlage nicht mehr zu denken. Um 1540 erfolgte der Notabschluss des Westturms. 1945 wurde die Georgenkirche bei einem Bombenangriff stark beschädigt. Seit dem Kriegsende war St. Georgen eine notdürftig gesicherte Ruine, 1961 wurden die Sakristei und die angrenzende Bibliothek gesprengt. 1977 stürzte der Dachstuhl wieder ein, der 1957/58 zum Schutz von Mittelschiff und Vierung errichtet worden war. 1990 schließlich riss ein Orkan den Nordgiebel um. Die politische Wende war die Rettung für den bedeutenden Kirchenbau.

WISMAR ST. GEORGENKIRCHE
Die Baugeschichte ist verwickelt

1993 begann unter maßgeblicher Beteiligung der Deutschen Stiftung Denkmalschutz der Wiederaufbau, dessen Kosten mit knapp 80 Millionen DM geschätzt wurden. Auch die Stadt beteiligt sich an der Renovierung, die bis 2010 abgeschlossen sein soll. Fraglich ist jedoch, ob bedeutende Ausstattungsstücke, wie der Altar, in die Kirche zurückkehren. Die Stadt nämlich plant den Ausbau der mächtigen, dreischiffigen Basilika zu einem Konzert- und Veranstaltungsgebäude.

Info

BESICHTIGUNG Die aktuellen Öffnungszeiten sind bei der Touristen-Information der Stadt Wismar (Fon 03841 251 30 25) oder dem Pfarramt zu erfragen (Fon 03841 28 25 49)

PFARRAMT Bliedenstr. 40 23966 Wismar Fon 03841 28 25 49

ANFAHRT A 20 Abfahrt Wismar Mitte. Richtung Zentrum, über Schweriner Straße und Dankwartstraße. Links ab in die Grüne Straße, zum Parkplatz auf dem Marienkirchplatz. Über Kellerstraße und Vor dem Fürstenhof zur Georgenkirche

Tipp

Der Fürstenhof, früher Sitz der mecklenburgischen Herzöge. Der westliche Flügel, das so genannte Alte Haus, entstand 1512/13. Er ist noch den spätgotischen Gestaltungsprinzipien verhaftet. Das „Neue Haus" entstand in den Jahren 1553/54 nach dem Vorbild oberitalienischer Renaissancepaläste

Wismar St. Georgenkirche
Seit 1993 wird aufwändig restauriert, rechts der Turm von St. Marien

WESTLICH VON WISMAR

Dorf Mecklenburg 165
Gressow 166
Friedrichshagen 167
Proseken 169
Hohenkirchen 172

DORF MECKLENBURG

Ein Kleinod, das einerseits durch die Strebebögen am Chor auffällt, andererseits durch die ungewöhnliche Form des Turmdachs. Es handelt sich um einen romanischen Rautenhelm, der in Mecklenburg sonst nicht vorkommt.

Der Turm ist aus der zweiten Hälfte des 13. Jahrhunderts und damit, auch das ist ungewöhnlich, gut 200 Jahre älter als das Kirchenschiff. Ebenso einzigartig ist die Inneneinrichtung aus der Spätrenaissance, die durch ihre seltene Geschlossenheit besticht. Anfang des 17. Jahrhunderts ließ der Landesfürst das Kirchlein so verschwenderisch ausstatten. In Dorf Mecklenburg nämlich stand früher die Stammburg des Herzogshauses der Obotriten, die 965 erstmals erwähnt wird. Der Burgwall ist noch zu sehen. 1328 wurde sie als landesherrliche Burg endgültig aufgegeben. Dennoch fühlte sich der um 1620 regierende Herzog Adolf-Friedrich dem Ort in besonderer Weise verpflichtet. So verfügt die Kirche über eine aufwändig geschnitzte und bemalte Kassettendecke, einen reich geschnitzten Altar (1622) und eine prunkvolle Kanzel (1618). Selbst die Triumphkreuzgruppe, die unter der Decke angebracht ist, wurde 1633 im Stil passend neu hinzugefügt. Bis hin zur Tauffünte, die aus dem Jahr 1614 stammt, und die herzogliche Empore ist die Raumausstattung stilistisch homogen. Insofern zählt die Ausstattung zu den bedeutenden Zeugnissen sakraler Kunst des beginnenden 17. Jahrhunderts.

DORF MECKLENBURG
Der Turm ist älter als das Schiff

Bei einer Restaurierung 1911 wurde ein Wandbild aus dem 15. Jahrhundert freigelegt. Den schönsten Blick ins Kircheninnere hat man von der Orgelempore.

Info

BESICHTIGUNG Auf Anfrage
PFARRAMT Bahnhofstr. 39 23972 Dorf Mecklenburg Fon 03841 79 59 17
ANFAHRT A 20 Abfahrt Wismar-Mitte, am Kreisverkehr Richtung Schwerin

Tipp

Agrarmuseum Dorf Mecklenburg, April bis Oktober täglich 10-16 Uhr geöffnet, November bis März nur Mo bis Fr Fon 03841 79 00 20
Ungefähr 500 Meter südlich vom Ort befindet sich ein gewaltiger Ringwall, der seit Anfang des 7. Jahrhunderts angelegt worden ist. Hier erhob sich die einstige Hauptburg der Obodriten, danach Hauptsitz der Fürsten von Mecklenburg bis 1256 und Bischofssitz bis zu seiner Verlegung nach Schwerin

GRESSOW

Eine herrlich verwinkelt und mittelalterlich schief wirkende Dorfkirche.

Der älteste Teil des einschiffigen Backsteinbaus ist der polygonal geschlossene Chor, der wohl aus der Mitte des 14. Jahrhunderts stammt. Das dreijochige Schiff entstand Jahrzehnte später. Dessen Südseite weist drei einheitliche, zum Innenraum geöffnete Kapellenräume auf. Diese Raumlösung ist für Dorfkirchen ungewöhnlich, tritt in Hohenkirchen nochmals auf und scheint angeregt zu sein durch die sakralen Großbauten Wismars. Der Turm wurde im 15. Jahrhundert begonnen und erst um 1700 mit dem Helm fertiggestellt.

Unter den Gewölben im Inneren fällt zunächst die verglaste Patronatsempore an der Südwand auf, ursprünglich mit zwei Wappenschilden versehen – nur eines ist erhalten. An der Nordwand das teilweise zerstörte hölzerne Epitaph des Curt Valentin v. Plessen aus dem Jahre 1679. Oben und unten wurden Teile abgesägt.

Am beeindruckendsten ist das herrliche Sandsteinepitaph des Reimer v. Plessen im Chor an der Südwand. Es zeigt im Mittelfeld ein Auferstehungsrelief, davor kniet der Verstorbene. Er trägt eine Halskrause und einen schwarzen Umhang. Sein Todesjahr war 1557, das Epitaph stammt jedoch von 1623. Er war Gutsherr von Tressow und wurde 73 Jahre alt.

1718 stiftete ein weiterer Curt Valentin v. Plessen den Altar. Die Holzkanzel entstand wohl um 1650. Von dieser Kanzel aus muss der Pfarrer in den Jahren 1673 und 1675 flammende Predigten gegen die Hexerei gehalten haben: In diesen Jahren nämlich wurden in Gressow zwei "Hexen" verbrannt.

Schon ein Jahrhundert früher, zur Zeit der Reformation, ging es in Gressow hoch her. Der evangelische Prediger Thomas Aderpul wurde mit Zustimmung der Gemeinde und des Gutsherren gewaltsam als Pfarrer eingesetzt, anstelle eines "einäugigen, hilflosen" Priesters. "Reiter und Reisige" des Bischofs Georg von Ratzeburg nahmen ihn jedoch im Dezember desselben Jahres "nächtlicher Weise" gefangen und brachten ihn nach Schönberg ins Gefängnis. Ein Jahr musste der Prediger hinter Schloss und Riegel zubringen, danach ging er als Prediger nach Malchin. An die jüngste Vergangenheit erinnert die 1985 von Tisa Gräfin v. d. Schulenburg gearbeitete Gedenkplatte, die an ihren Bruder Fritz-Dietlof erinnern soll, den 1944 hingerichteten Widerstandskämpfer.

Info

Besichtigung Auf Anfrage
Pfarramt Grevesmühlener Str. 15 23968 Gressow Fon 03841 61 62 27
Anfahrt A 20 Abfahrt Bobitz, dann Richtung B 105 (Grevesmühlen, Wismar)

Foto siehe Seite 167

FRIEDRICHSHAGEN

Das kleine, knapp 600 Jahre alte Gotteshaus von Friedrichshagen liegt inmitten eines verwilderten Friedhofs. Schlimme Risse durchziehen das Mauerwerk. Im Inneren des verwahrlost wirkenden Kirchleins unweit der Autobahn A 20 aber verbergen sich ungeahnte Schätze.

Da sind zum einen die barocke Kanzel und der hübsche Altaraufsatz von 1704, der von Johann Friedrich Wilde, Hof-Kunstmaler aus Schwerin geschaffen wurde. Das Kreuzigungsgemälde im Zentrum wird flankiert von den Figuren des Moses und einer Gestalt mit Turban, die als Aaron, der erste Hohepriester Israels, gedeutet wird. Bewundernswert sind zum anderen die Figuren einer unbemalten Relief-Kreuzigungsgruppe aus dem 15. Jahrhundert an der Nordwand, die wohl von einem alten Altar stammt. Ein Epitaph von 1574 erinnert an Hans v. Bülow († 1552) und Katharina v. Plessen († 1570).

1965 und 1971 wurde die Kirche zuletzt restauriert, 1989/90 das Dach neu gedeckt. Der Fußboden der Kirche ist mit alten Natursteinplatten ausgelegt.

FRIEDRICHSHAGEN
Außen leider sehr mitgenommen

GRESSOW
Mutet herrlich mittelalterlich an

FRIEDRICHSHAGEN
Unbemalte Relief-Kreuzigungsgruppe aus dem 15. Jahrhundert

Zwei Tore gewähren Zugang zum Friedhof, auf einem steht die Jahreszahl 1749. Daneben eine Gedenktafel, die auf das traurige Schicksal des Pastors Wilhelm Bartelt hinweist: geboren 1888, gestorben 1947 im Lager Fünfeichen bei Neubrandenburg.

Der Ortsname Friedrichshagen könnte sich aus Vredebershagen entwickelt haben. Aus der Ortschronik geht hervor, dass dort 1230 ein Ritter namens Vredeber v. Ketelhot seinen Sitz hatte.

Info

BESICHTIGUNG Auf Anfrage

PFARRAMT Grevesmühlener Str. 15 23968 Gressow Fon 03841 61 62 27

ANFAHRT A 20 Abfahrt Grevesmühlen. In Grevesmühlen Richtung Wismar (B 105). Rechts ab über Naschendorf, Meierstorf und Plüschow

Tipp

Schloss Plüschow, 1763 durch den Hamburger Kaufmann Philipp Heinrich Stenglin erbaut. Beeindruckendes Treppenhaus und Rokokostuckdecken. Regelmäßig finden hier Konzerte, Ausstellungen und Vorträge statt

PROSEKEN

Die Kirche von Proseken verfügt über einen beachtlichen Turm und ausladende Kreuzgewölbe. Ältester Teil aber ist der Chor, der um 1240 begonnen wurde. Im 15. Jahrhundert wurde er überformt und erweitert. Der Turm wurde um 1430/40 angebaut, 1470 erhielt er seinen achteckigen Helm und die vier Giebel mit ihrem reichen Blendenschmuck, der das Vorbild der Wismarer Sakralbauten voraussetzt.

Ältestes Stück der Ausstattung ist die urtümliche Kalksteintaufe aus dem 13. Jahrhundert. In der Südkapelle steht die Loge der Patronatsfamilie v. Negendanck aus dem Jahr 1580. Hier befindet sich auch die Gruft der Familie. Dreimal finden sich an den Kirchenwänden bemalte Holzepitaphe dieser Familie, alle aus dem 17. Jahrhundert.

Besonders sehenswert ist die reich verzierte Kanzel mit der Aufschrift: „Anno 1656, Ehre sei Gott!" Sie steht neben der Patronatsloge an der Südwand. Der Boden des Altarraums ist mit verschiedenen Grabplatten der Negendancks ausgelegt. Der Barockaltar trägt die Jahreszahl 1733. An der Nordseite des Altarraumes hängt ein Bildnis des Pastors Johannes Conradt von 1729.

PROSEKEN
Wappen der Patronatsfamilie v. Negendanck

1991 begannen umfangreiche Sanierungsmaßnahmen, Turm und Hahn wurden instand gesetzt. 1999 wurde die Kirche trockengelegt und neu eingedeckt.

Auf dem Friedhof, hinter dem Chor gelegen, findet sich die Grabstelle der Familie Gildemeister. Die älteste Grabplatte ist die des Daniel Friedrich Gildemeister (1790-1841), Erbpächter in Vor-Wendorff. Sein Nachfahre Karl Gildemeister (1857-1936) war nicht nur Dorfschulze, sondern machte sich auch als plattdeutscher Dichter einen Namen. "Wir waren die letzten des über 500-jährigen Gildemeisterstammes auf der Erbpachtstelle No. 2 in Vor-Wendorff" steht auf dem Grabstein von Karl und Emma Gildemeister. Ihre Kinder kamen im Krieg um.

Info

BESICHTIGUNG Auf Anfrage
PFARRAMT Kirchstr. 2 23968 Proseken Fon 038428 602 53
ANFAHRT A 20 Abfahrt Bobitz, über Gressow (Richtung Wismar, Grevesmühlen) nach Gägelow. Dort links in Richtung Klütz

HOHENKIRCHEN
Durch Hügellage schon von weitem zu sehen

HOHENKIRCHEN

Der Backsteinbau von Hohenkirchen liegt auf einem Hügel und ist von der Straße von Wismar in Richtung Klütz aus schon von weitem zu sehen.

Im 15. Jahrhundert wurde die Kirche erbaut, der quadratische Turm um 1500. Hinzuweisen bleibt auf die Kapelleneinbauten, die den Innenraum in einer für eine Dorfkirche ungewöhnlichen Art gliedern. Die Fachwerkvorhalle mit Kreuzrippengewölbe an der Südseite vor dem Chor entstand im 17. Jahrhundert, sie wurde 2003 restauriert. 1988/89 war bereits das Dach neu eingedeckt worden, 1999 konnten die Bleiglasfenster erneuert werden. Die Ausmalung der Gewölbe wirkt neugotisch. Auch der Altar von 1749 wurde 1870 mit einem Abendmahlsgemälde neu geschmückt. Die Kanzel stammt von 1749. Ihr Pult wird von einem Pelikan getragen. Der Legende nach vermochte er mit seinem Blut seine toten Jungen wieder zum Leben zu erwecken. Der Pelikan steht symbolisch für Christus, der uns mit seinem Blut die Auferstehung schenkt.

HOHENKIRCHEN
Triumphkreuz, geschnitzt im 13. Jahrhundert

Ein qualitätvoll geschnitztes Triumphkreuz stammt wohl aus dem endenden 13. Jahrhundert. In die gleiche Zeit zu datieren ist eine urtümliche Granittaufe, deren Becken neben Rundbogenarkatur auch Lebensbaummotive erkennen lässt.

Im Jahr 2001 machte Hohenkirchen Schlagzeilen. Ein obskurer Ritterorden hatte das Pfarrhaus zu seinem Treffpunkt gemacht und feierte in der Kirche Gottesdienste. Die Mitglieder, die sich als Nachfolger mittelalterlicher Brüderschaften sahen, trugen mit Vorliebe schwarze Kleidung. Aufgrund von Unstimmigkeiten mit den Dorfbewohnern zogen die so genannten "Schwarzen Ritter" sich nach einiger Zeit aber wieder aus dem Ort zurück.

Info

BESICHTIGUNG Auf Anfrage
PFARRAMT Kirchstr. 2 23968 Proseken Fon 038428 602 53
ANFAHRT A 20 Abfahrt Bobitz, bis Gägelow. Dort links ab Richtung Klütz

ZWISCHEN GREVESMÜHLEN, KLÜTZ UND DASSOW

Bössow 174
Damshagen 175
Kalkhorst 176
Elmenhorst 178
Klütz 179
Boltenhagen 180
Grevesmühlen 181
Dassow 182
Schönberg 183
Roggenstorf 184
Kirch Mummendorf 185
Börzow 186
Lübsee 187

BÖSSOW

Ein schlichter, spätgotischer Ziegelbau, etwa 700 Jahre alt. Das Kirchenschiff besitzt keine Gewölbe, sondern nur eine flache Holzdecke. Auch die Innenausstattung ist überwiegend sehr einfach.

Äußerst beeindruckend ist das gotische Chorfenster hinter dem Altar. Im Fenster sind unten rechts die Heiligen drei Könige zu sehen, links daneben ist die Maria mit dem Jesuskind abgebildet. Darüber die Heiligen Georg und Christophorus, Petrus und Paulus. Die Fensterscheiben wurden 1396 von dem Ritter Johannes Storm gestiftet. Die Ritter v. Storm waren es, die die Kirche erbauten. Eine Grabplatte von 1369, innen an der Nordwand, trägt das Wappen der Familie. Sie starb Anfang des 15. Jahrhunderts aus. Ihre Nachfolger im Ort schmückten dann um 1600 das Fenster rechts vom Altar, mit Bildern ihrer Wappen. Die bemalte Kanzel von 1674 trägt die Namen des Stifters Henneke v. Plessen und seiner Frau Sophia v. Stralendorff. Das gusseiserne Taufbecken stammt aus dem 19. Jahrhundert. Ebenso die Orgel, die 1967 und 1996 noch einmal durchgesehen wurde. Bei einer Renovierung 1967 wurde der Altar aus dem 19. Jahrhundert entfernt, dafür ein schlichter Ziegelsockel aufgemauert.

Die Kirche wurde 1998/99 saniert. 2003 wurden die gotischen Fenster im Zuge der Dachneueindeckung des Kirchenschiffes restauriert.

Info

BESICHTIGUNG Auf Anfrage, Schlüssel im Philippushof neben der Kirche
Fon 03881 71 64 01

PFARRAMT Klützer Str. 8 23948 Damshagen Fon 038825 222 24

ANFAHRT A 20 Abfahrt Grevesmühlen, durch Grevesmühlen und am Ortsausgang rechts Richtung Klütz. In Damshagen rechts ab nach Großenhof, dort wieder rechts

Bössow
Ein schlichter Ziegelbau

Bössow
Gotisches Chorfenster

DAMSHAGEN

Das Schiff der Damshagener Kirche stammt noch aus dem 13. Jahrhundert. Im 14. Jahrhundert wurde der Chor angebaut, im 15. Jahrhundert der Turm.

Um 1720 erhielt die Kirche eine barocke Innenausstattung. Davon zeugt noch die Deckenvertäfelung. Auch der Kanzelaltar (1724) stammt aus dieser Zeit. Durch die Patronatsloge an der Nordwand vor dem Altar gelangt man in die Grabkammer des Ehepaars Hartwig und Christina v. Bülow, geborene v. Reventlow. Sie starben 1729 und ließen sie sich in prunkvollen Sandsteinsarkophagen beisetzen. In einem kleinen Holzsarg zu ihren Füßen liegt ihr Urenkel Hans, gestorben 1747. Er wurde nur 11 Monate alt.

1856 folgte die zweite Gestaltungswelle, diesmal im neugotischen Stil, davon zeugen noch das Gestühl und die Orgelempore. Die Orgel selbst ist von 1844, gebaut von der Werkstatt Winzer aus Wismar. Ältestes Ausstattungsstück ist die kelchförmige Kalksteintaufe aus dem 13. Jahrhundert.

DAMSHAGEN
Außen teils romanische Formen, innen barock gestaltet

Info

BESICHTIGUNG Die Kirche ist täglich von 9-18 Uhr geöffnet

PFARRAMT Klützer Str. 8 23948 Damshagen Fon 038825 222 24

ANFAHRT A 20 Abfahrt Grevesmühlen, durch Grevesmühlen und am Ortsausgang rechts Richtung Klütz

KALKHORST

Während das Äußere dieses Backsteinbaus in seiner Schlichtheit einer Dorfkirche entspricht, lässt das Innere an den Reichtum einer Stadtkirche denken.

Schon um 1240/50 wurde die heute schräg zum Schiff stehende Westwand der Kalkhorster Kirche errichtet. Um 1300 kam der Westturm hinzu und um 1340/50 erhielt die Kirche ihre heutige Form. Ihr Bau ist der Sage nach einem Ritter zu verdanken, der auf der nahe gelegenen Lübecker Bucht in Seenot geriet. Er betete um seine Rettung und gelobte: „Wo ich an Land komme, werde ich eine Kirche erbauen." An diese Legende erinnert eine Delfter Kachel mit einem blauen Segelschiff, die in einen Pfeiler nahe dem Altar eingelassen ist. Auch das Wappen der Ritter v. Both, deren Name mehrfach in der Kirche auftaucht, scheint die Sage aufzugreifen: Ein rotes Boot auf wogendem Wasser. Im südlichen Vorraum, durch den man die Kirche normalerweise betritt, steht der Grabstein des Priesters Johannes Schwansee von 1367. Die Umrisse des Geistlichen sind in die Platte eingeritzt, er hält einen Kelch – und die Inschrift weist ihn als Bauherren aus. Gemeint ist die Bauphase um 1350.

Das Innere der Kirche wirkt durch die imponierenden Gewölbe sehr beeindruckend, hinzu kommt die reiche barocke Ausstattung. Da ist der 1708 von dem Wismarer Bildhauer Johann Friedrich Wilde geschaffene Altaraufsatz, die reich verzierte Kanzel von 1714. Im Chor sind Wandbilder aus dem Mittelalter zu sehen. Die Westwand füllt die Orgel, von Hans Hantelmann aus Lübeck erbaut und 1869 von Friedrich Winzer aus Wismar umgestaltet. Der eindrucksvolle barocke Prospekt stammt aus dem Jahr 1732.

KALKHORST
Das Äußere lässt auf eine schlichte Dorfkirche schließen

KALKHORST
Reich geschmückte Orgel des Lübeckers Hans Hantelmann

Das Gestühl wurde zwar im 19. Jahrhundert ergänzt, enthält aber noch viele ältere Teile. Seitenteile und Brüstungen sind teils aus dem 16. und 17. Jahrhundert. Auch vier Logen mit geschnitzten und bemalten Brüstungen sind vorhanden. Einmalig aber ist das alte Chorgestühl aus dem 14. Jahrhundert.

Umfassend renoviert wurde die Kirche zuletzt 1892. 2002 waren daher Sicherungsarbeiten an den Gewölben erforderlich. 2003 wurden für rund 300.000 Euro Dach und Außenwände saniert, zudem ein Stahlanker zur Stabilisierung eingezogen. Bis 2005 wird am Turm gearbeitet, für noch einmal rund 300.000 Euro.

Im Pfarrgarten steht ein Pavillon, in dem schon Heinrich Schliemann, der Entdecker von Troja, Tee getrunken haben soll. Schliemann lebte nach 1831 bei seinem Onkel Friedrich Schliemann, der Pastor in Kalkhorst war.

Info

BESICHTIGUNG Auf Anfrage
PFARRAMT Heinrich-Schliemann-Str. 4 23942 Kalkhorst Fon 038827 230
ANFAHRT A 20 Abfahrt Schönberg, über Schönberg und Dassow in Richtung Klütz

Tipp

Schloss Kalkhorst, mit englischem Landschaftspark

ELMENHORST

Uriges Kirchlein mit massivem, vergleichsweise niedrigem Turm. Schon um 1230 erbaut, zeichnet die Kirche sich durch ihren ungewöhnlichen kreuzförmigen Grundriss aus.

Auch von innen ist die Kirche eine Augenweide. Der Innenraum ist hell, der Blick fällt auf einen Altar mit spätgotischen Schnitzfiguren. Im Gewölbe darüber Malereien aus verschiedenen Jahrhunderten, die 1901 freigelegt und nach Befund erneuert wurden. Im südlichen Seitenschiff findet sich die mit Schnitzfiguren verzierte Empore der Familie v. Bülow. Der Rest eines Taufsteins aus der Erbauungszeit der Kirche blieb erhalten. Im nördlichen Seitenschiff befindet sich ein ebenso altes Weihwasserbecken aus Granit.

1853 war die Kirche zuletzt renoviert worden. Seit 1994 bemühten sich private Helfer und Stiftungen um die Rettung der Kirche. Eine Dame aus Hamburg spendete DM 400.000, weitere 600.000 gab die Deutsche Stiftung Denkmalschutz. Sechs Jahre dauerte die Restaurierung. Der Turm wurde mit Holzschindeln neu eingedeckt, alle Fenster erneuert. Sie tragen in der Spitze die Mecklenburger Farben.

Info

Besichtigung Auf Anfrage

Pfarramt Heinrich-Schliemann-Str. 4 23942 Kalkhorst Fon 038827 230

Anfahrt A 20 Abfahrt Schönberg, über Schönberg und Dassow in Richtung Klütz. In Hohen Schönberg links ab nach Warnkenhagen und Elmenhorst

ELMENHORST
Der Altar mit spätgotischen Schnitzfiguren fällt sofort ins Auge

KLÜTZ

Die Klützer St. Marienkirche ist ein stattlicher Backsteinbau. Der älteste Teil ist der Chor von 1230/40. Die dreischiffige Halle wurde um 1260/70 begonnen. Der 56 Meter hohe Turm mit seiner für die Region typischen „Bischofsmütze" entstand im 15. Jahrhundert und wurde um 1700 nach einem Brand erneuert.

Die Ausstattung, die in dem geräumigen Gotteshaus ein wenig von ihrer Wirkung verliert, ist der Renaissance- und Barockzeit zuzuordnen. Die ausladende Kanzel trägt die Jahreszahl 1587 und die Namen v. Plessen und v. Penz. Der Altar stammt vom Anfang des 18. Jahrhunderts, er ist mit einer Kopie eines Kreuzigungsgemäldes des niederländischen Meisters Antonis van Dyck geschmückt. Rechts vor dem Altar hängt ein Sandstein-Epitaph, das Elisabeth v. Plessen 1622 für ihren Ehemann Kurt stiftete. In der Mitte des Wanddenkmals, eingerahmt von ionischen Säulen ist das Jüngste Gericht zu sehen.

KLÜTZ
Typisch: die „Bischofsmütze" des Turms

Rechts vom Altar, an der Südwand des Chors, steht ein uraltes Gestühl, das noch aus dem ausgehenden 14. Jahrhundert stammt. Links vom Altar steht das gleiche Gestühl noch einmal, bei diesem handelt es sich jedoch um eine Kopie von 1844. Vor dem Altar befindet sich ein Grabstein von 1390 für einen unbekannten Geistlichen. Besondere Aufmerksamkeit verdienen nicht zuletzt die Fliesen im Altarraum. Sie stammen noch aus der Erbauungszeit der Kirche. Neben einer Granittaufe aus dem 13. Jahrhundert – sie wurde 1844 wiederentdeckt – ist ein monumentales achteckiges hölzernes Taufgehäuse von 1653 in Gebrauch. Das Becken wird von vier Engeln getragen. Die Orgel ist ein Werk der Firma Winzer in Wismar, sie stammt von 1871.

Auf dem Kirchhof steht das Mausoleum der Grafen v. Bothmer. Die Kapelle wurde 1756 für die im Barockschloss des Ortes residierende Familie errichtet.

Info

BESICHTIGUNG Von Juni bis Mitte September ist die Kirche täglich von 10-18 Uhr geöffnet. Sonst auf Anfrage

PFARRAMT Predigerstr. 8 23948 Klütz Fon 038825 222 74

ANFAHRT A 20 Abfahrt Grevesmühlen, durch den Ort und dann rechts ab nach Klütz

Tipp

Barockschloss Bothmer und Park in Klütz

BOLTENHAGEN

Seit 1873 hat auch das Seebad Boltenhagen seine eigene Kirche. Das kleine, neugotische Gotteshaus, kaum mehr als eine Kapelle, steht auf einem Hügel im Ort, der so genannten Paulshöhe und ist von Bäumen umgeben.

Das Innere ist hell und freundlich. Der Altar ist mit einem Kreuzigungsgemälde geschmückt. Die Entstehungsgeschichte geht auf das Jahr 1870 zurück. Damals erging ein Spendenaufruf zum Kirchenbau. Schon 1872 war erstaunlicherweise genügend Geld für den Bau vorhanden, so dass am 28. Juni die Grundsteinlegung erfolgte. Großherzog Friedrich Franz II. (regierte 1842-1883) kam höchstselbst, nebst seiner Gattin Marie. Am 4. September feierte die Gemeinde Richtfest. Nicht ahnend, dass wenige Tage später, in der Nacht vom 12. auf den 13. September, Boltenhagen von einer Sturmflut heimgesucht werden würde. Es erwies sich als weise, einen Hügel als Bauplatz gewählt zu haben. Die Kirche wurde offenbar nicht in Mitleidenschaft gezogen. Dennoch errichtete man auf dem Kirchhügel einen Gedenkstein. Am 3. August 1873 wurde die Kirche feierlich eingeweiht. Der Großherzog und seine Gattin waren diesmal leider verhindert.

Info

BESICHTIGUNG Auf Anfrage, Schlüssel unter Fon 038825 371 54
PFARRAMT Predigerstr. 8 23948 Klütz Fon 038825 222 74
ANFAHRT A 20 Abfahrt Grevesmühlen, über Grevesmühlen und Klütz

BOLTENHAGEN
Die Errichtung auf einem Hügel schonte die Kirche bei einer Sturmflut

GREVESMÜHLEN

Die imposante Kirche von Grevesmühlen wurde um 1230 begonnen. Mitte des 13. Jahrhunderts kamen der Turm und die seitlichen Kapellen hinzu, etwas später die Südvorhalle.

Ursprünglich war der Turm 92 Meter hoch. Bei einem großen Brand im Jahre 1659 verlor er jedoch seine Spitze und wurde wieder aufgebaut. 1699 zerstörte ein Blitzschlag den Turm erneut und er wurde bis auf die jetzige Höhe abgetragen. 1870/72 jedoch wurde die Kirche grundlegend renoviert und teilweise umgestaltet. Besonders das Innere präsentiert sich daher heute komplett im neugotischen Stil. In der Turmhalle sind einige alte Grabplatten erhalten. Der neue Altar ist völlig schmucklos. Neben einer Kalksteintaufe aus der Erbauungszeit ist die Triumphkreuzgruppe sehenswert: Sie ist ein Werk des 15. Jahrhunderts. 1872 wurde die vom Schweriner Orgelbaumeister Friedrich Friese gebaute Orgel in Betrieb genommen. Im Sommer finden in der Kirche regelmäßig Konzerte statt.

GREVESMÜHLEN
Ein Blitzschaden verkürzte den Turm

Info

BESICHTIGUNG Auf Anfrage
PFARRAMT Kirchplatz 4 23936 Grevesmühlen Fon 03881 25 24
ANFAHRT A 20 Abfahrt Grevesmühlen.

Tipp

Grevesmühlener Mühle auf dem Mühlenberg
„Ältestes Haus", Große Seestraße 1, Fon 03881 71 12 58
Großsteingräber, 5 km östlich von Grevesmühlen in den Nadelwäldern zu beiden Seiten der B 105/ E 22 auf der Höhe des Ortes Naschendorf. Dort befinden sich 4500 Jahre alte Gräberfelder der Jungsteinzeit mit außerordentlich beeindruckenden Großsteingräbern.
Sühnestein von 1391, südlich von Everstorf (Ortsausgang Richtung Wismar) für den erschlagenen Ludeke Mosellenburch
Freilichtmuseum „Steinzeitdorf Kussow", an der Straße von Grevesmühlen nach Klütz

DASSOW

Die Kirche ist rund 750 Jahre alt, der Turm wurde im 16. Jahrhundert errichtet. 1632 kam es in Dassow zu einem großen Brand, das ganze Dorf brannte nieder. Auch die Kirche wurde stark beschädigt. Seither fehlen die Gewölbe im Schiff, sie wurden durch eine flache Holzdecke ersetzt.

Dennoch ist auch die Ausstattung sehenswert. In der Turmhalle steht eine interessante Figur des Drachentöters Georg aus dem 17. Jahrhundert, die aus der 1973 abgerissenen Kapelle von Schwanbeck stammt. Ebenfalls aus Schwanbeck ist ein Holzrelief aus dem 15. Jahrhundert, das Maria und Joseph gleich nach der Geburt des Jesuskindes im Stall zeigt. Es hängt an der Südseite der Kirche, vor dem Altarraum. Der Altaraufsatz ist von 1635, die intarsiengeschmückte Kanzel von 1633, gestiftet von der Patronatsfamilie v. Bülow. Erhalten ist auch das Bülowsche Gestühl von 1712, geschmückt mit Hermenpilastern und Familienwappen. In der Kirche steht auch eine Granittaufe aus dem 13. Jahrhundert. Besonders eindrucksvoll wirken die um 1900 entstandene, bunten Fenster. Gleich neben der Kanzel ist beispielsweise Christus als guter Hirte dargestellt, kniend befreit er ein Lamm aus einem Dornenstrauch. Dieses Fenster ist eine Arbeit von 1910. Auf einem Schriftband steht: „Ich bin gekommen zu suchen und selig zu machen, was verloren ist."

Info

BESICHTIGUNG Auf Anfrage
PFARRAMT Lübecker Str. 68 23942 Dassow Fon 038826 806 37
ANFAHRT A 20 Abfahrt Schönberg, über Schönberg

Tipp

Barockschloss Johannstorf (1743, nach Plänen von Rudolph Matthias Dallin), westlich von Dassow (leer stehend)

DASSOW
Ein Brand vernichtete das Dorf und beschädigte die Kirche

DASSOW
Figur des heiligen Georg

SCHÖNBERG

Nach 1330 wählte der Bischof von Ratzeburg Schönberg zu seiner Residenz. Entsprechend groß musste die Kirche sein.

Das jetzige Gebäude stammt aus dem 14. Jahrhundert und ruht auf den Resten des Vorgängerbaues aus dem 13. Jahrhundert. Einige der Ratzeburger Bischöfe liegen in der Kirche begraben. Nach einem Stadtbrand 1601 wurde der Turmgiebel erneuert, die klassizistische Bekrönung stammt von 1831. Die Uhr ist rund 300 Jahre alt und eine der ältesten funktionierenden Turmuhren Mecklenburgs.

SCHÖNBERG
Einst Residenzkirche der Ratzeburger Bischhöfe

Gewölbe hatte das Kirchenschiff nie, es wird durch eine flache Kassettendecke von 1846/47 abgedeckt. Damals wurde die Kirche gründlich renoviert und zudem mit einer Orgel von Friedrich Wilhelm Winzer aus Wismar ausgestattet. Es ist die größte, heute noch erhaltene Orgel aus dieser Werkstatt. Bei der letzten Restaurierung von 1987/91 konnten 400 Jahre alte Wandmalereien freigelegt werden. Besonders hübsch ist ein Weihnachtsbild über der Empore an der Südwand. Der Altar von 1616 ist eine Stiftung des Herzogs von Braunschweig-Lüneburg, dessen Wappen er auch trägt. Einen ähnlichen Altar stiftete der Herzog für Celle. Im Zentrum des Altaraufsatzes ist ein Gemälde des kreuztragenden Christus. Die Künstlerin ist niemand anders als die Großherzogin Marie von Mecklenburg-Strelitz (1796-1880). Dieses Fürstenhaus war seit 1701 auch für die Erhaltung der Schönberger Kirche zuständig. Das wertvollste Stück der Ausstattung ist die von knienden Engelsfiguren getragene Bronzetaufe von 1357. Das Chorfenster wurde 1911 in Quedlinburg angefertigt, es zeigt die Auferstehung Christi.

Info

BESICHTIGUNG Im Sommer, von Juni bis September, ist die Kirche meist geöffnet, sonst auf Anfrage

PFARRAMT Hinterstr. 4 23923 Schönberg Fon 038828 215 87

ANFAHRT A 20 Abfahrt Schönberg

ROGGENSTORF

Im 14. Jahrhundert wurde das flachgedeckte Schiff, im 15. der Chor mit Kreuzgewölbe errichtet. Als Erbauer gelten die Ritter Ulrich und Heinrich von Barnekow, zwei Brüder.

Schreckliches ereignete sich im Jahr 1689. Damals scheint es in Roggenstorf ein regelrechtes Hexentreiben gegeben zu haben. Im Februar des Jahres wurde im Kirchbuch verzeichnet, dass Grete Dermans, "so 45 Jahr allhier Küstersche gewesen, wegen der Hexerei verbrand" wurde. Im Dezember desselben Jahres brannte "Incke Suerbehren, ein Weib von 40 Jahren". Im Süden des Dorfes gibt es bis heute die so genannte Hexenkuhle, wo vermutlich die Scheiterhaufen errichtet wurden.

Ein Highlight in der Geschichte der Dorfkirche ist der 16. Juni 1851: Damals heiratete der mecklenburgische Heimatdichter Fritz Reuter in Roggenstorf Luise Kuntze, die Tochter des damaligen Pastors. Die Trauung vollzog Propst Schliemann aus Kalkhorst, ein Onkel des Troja-Entdeckers. 1869 kam die Kirche zu ihrer schlichten, heute blaugrau gestrichenen Ausstattung. Eine Renovierung erfolgte 1960. Schon zu DDR-Zeiten, nämlich 1972 und 1980, wurden die Dächer neu gedeckt. Auffällig ist das mit Holzschindeln versehene, achteckige Turmdach, das zuletzt 1980 erneuert worden ist. Nur der Opferstock stammt aus dem Mittelalter, er ist aus einem Eichenstamm gehauen. Im übrigen ist der Kronleuchter von Beginn des 17. Jahrhunderts wohl das älteste Stück der Ausstattung. 1993 konnte die kleine Friese-Orgel renoviert werden.

Info

BESICHTIGUNG Auf Anfrage

PFARRAMT Fritz-Reuter-Str.17 23936 Roggenstorf Fon 038824 726

ANFAHRT A 20 Abfahrt Schönberg, nach Dassow, dann rechts in Richtung Grevesmühlen. In Tramm links ab

Tipp

Grevensteiner Mühle (Nachbarort)

ROGGENSTORF
Fritz Reuter heiratete hier

ROGGENSTORF
Der Kronleuchter aus dem 17. Jahrhundert

KIRCH MUMMENDORF

Der urig-ländliche Backsteinbau stammt aus dem 13. Jahrhundert und wurde in späterer Zeit äußerlich offenbar kaum verändert, doch lassen Details auf mehrfache Planwechsel schließen.

Das Schiff ist flachgedeckt, der Chor mit einem Kuppelgewölbe ausgestattet. Die Austtattung ist, abgesehen von einer Friese-Orgel aus dem Jahr 1854, eher schlicht. Altar und Kanzelkorb stammen aus dem 18. Jahrhundert. Im neugotischen Taufständer aus der Mitte des 19. Jahrhunderts befindet sich eine Taufschale aus Messing mit Weinlaubverzierung von 1648. Eine Glocke von 1597 wurde von Claus Bincke aus Wismar gefertigt. Die Kirche wirkt von innen hell und freundlich, von außen sehr ursprünglich und unverfälscht. Vor dem Westportal fällt das Gelände steil ab. Steigt man den Hügel hinab, eröffnet sich eine beeindruckende Sicht auf die Westwand.

Info

BESICHTIGUNG Auf Anfrage

PFARRAMT Fritz-Reuter-Str.17 23936 Roggenstorf Fon 038824 726

ANFAHRT A 20 Abfahrt Grevesmühlen, in Grevesmühlen auf der B 105 Richtung Dassow, in Tramm links ab

KIRCH MUMMENDORF
Auf den ersten Blick seit dem 13. Jahrhundert äußerlich kaum verändert

BÖRZOW

Eine Kirche, die fast nur aus dem Turm besteht. Massiv und quadratisch dominiert er das Gebäude, der riesige achteckige Helm ist mit Holzschindeln gedeckt.

Im Vergleich wirkt das Schiff geradezu verschwindend flach und klein. Auf der Nordseite ist eine Grabkapelle aus neuerer Zeit angebaut. Mitte des 15. Jahrhundert war das Gotteshaus in seiner heutigen Form fertiggestellt. Die wie eingesprengt wirkenden Feldsteine sind als dekorative Schmuckelemente zu deuten. Betreten wird die Kirche meist durch den Anbau an der Südseite, der erst vor kurzem renoviert wurde, im Kern aber mittelalterlich sein soll. Das unspektakulär eingerichtete Schiff ist mit einer Balkendecke versehen, der Chor mit einem Kreuzrippengewölbe. Der Altaraufsatz stammt von 1718.

BÖRZOW
Die Kirche besteht fast nur aus Turm

1978 wurden die Dächer neu gedeckt, dennoch bedarf der Helm inzwischen einer gründlichen Erneuerung. 1993 wurde die Friese-Orgel aufgearbeitet. Seit 1988 widmeten die Restauratoren sich auch dem Inneren. Dabei konnten Wandornamente aus dem 15. Jahrhundert freigelegt werden. In der Kirche und auf dem Friedhof stößt man auf die Spuren der 700 Jahre hier ansässigen Familie v. Bernstorff. 1945 ging diese Ära zuende.

Info

BESICHTIGUNG Auf Anfrage, Schlüssel über Pfarramt Roggenstorf bzw. im Ort im Haus hinter dem westlichen Friedhofstor

PFARRAMT Fritz-Reuter-Str.17 23936 Roggenstorf Fon 038824 726

ANFAHRT A 20 Abfahrt Grevesmühlen, in Grevesmühlen auf der B 105 Richtung Dassow. Nach ca. vier Kilometern links ab

Tipp

Schloss Bernstorf , südlich von Börzow. 1881 im Neo-Renaissancestil erbaut. Bis 1945 gehörte es Familie v. Bernstorf. Im Schloßpark befindet sich ein Sühnestein von 1359. Der aus Kalkstein bestehende Sühnestein zeigt eine Darstellung des gekreuzigten Christus und das Wappen der Grafen Bernstorf

LÜBSEE

Lübsee ist der Heimatort des Industriellen Werner v. Siemens. Im benachbarten Menzendorf ist er geboren, seine Eltern hatten dort das Gut gepachtet. Ihre Grabstätte befindet sich auf dem Friedhof.

Die Dorfkirche, in der zweiten Hälfte des 13. Jahrhunderts als schlichte Backsteinhalle errichtet, präsentiert sich heute mit neugotischem Westturm von 1901 und einer Eingangshalle an der Nordseite, die aus dem 18. Jahrhundert stammt. 1874 wurde das Innere des Schiffs im neugotischen Stil restauriert. Auch der Altar stammt aus dieser Zeit. Der mittelalterliche Vorgängeraltar (um 1480) gelangte 1874 ins Museum nach Schwerin. Bei der Neugestaltung der Kirche ließ sich Werner v. Siemens nicht lumpen: Er stiftete die obligatorische Friese-Orgel. Aus alter Zeit ist noch die schlichte Kalksteintaufe erhalten.

Das alles hört sich wenig spektakulär an. Bei der Restaurierung von 1981/91 jedoch verwandelten sich die Kirchenwände nach und nach in ein einzigartiges Bilderbuch des Glaubens. In mehreren Schichten konnten Wandmalereien aus der Zeit vom 13. bis 17. Jahrhundert freigelegt werden. Die ältesten befinden sich im Chor, aber auch im Schiff und am Triumphbogen konnten vielfältige Malereien in Fragmenten erhalten werden.

Info

BESICHTIGUNG Auf Anfrage, Schlüssel im ehem. Pfarrhaus an der Lübseer Kirche

PFARRAMT Fritz-Reuter-Str. 17 23936 Roggenstorf Fon 038824 726

ANFAHRT A 20 Abfahrt Schönberg, auf der B 104 Richtung Schönberg und Selmsdorf, in Schönberg rechts abbiegen in Richtung Grevesmühlen. In Menzendorf rechts ab

LÜBSEE
Heimatkirche des Werner v. Siemens

LÜBSEE
Wandmalereien in mehreren Schichten

INFORMATIONEN

Tourismusverband Mecklenburg-Vorpommern e.V.
Platz der Freundschaft 1   18059 Rostock
Fon 0180 5000 223 (0,12 Euro/min)
www.auf-nach-mv.de   info@auf-nach-mv.de

www.m-v.de
www.mv-de/kultur/Kirchen
www.all-in-all.com
www.mecklenburg-vorpommern.info

REISE

Tour.Bu Touristik & Buchung Mecklenburg-Vorpommern
Fon 0180 5000 223 (0,12 Eur/min)   info@tourbu-mv.de

DB Regio   Fon 01805 19 41 95   www.bahn.de

Verband Mecklenburgische Ostseebäder e.V.   Nienhagen
Fon 038203 776 10   www.ostseeferien.de

TOURISMUS

Bad Doberan

www.bad-doberan.de

Hoteltipp: Kempinski Grand Hotel Heiligendamm
www.kempinski-heiligendamm.de   Fon 038203 74 00
Romantikhotel Friedrich-Franz Palais   Bad Doberan
www.friedrich-franz-palais.de   Fon 038203 63036

Güstrow

www.guestrow.tourismus.de   Fon 03843 68 10 23
Service-Nr. 0180 568 10 68 (12 Ct.Min)
Sehenswert: Schloss, gotischer Dom mit „Der Schwebende" von Barlach, Pfarrkirche und Barlach-Gedenkstätten.

Hoteltipp: Kurhaus am Inselsee   18273 Güstrow   Fon 03843 8500
www.kurhaus-guestrow.de
Für Kirchen-Reisende zwischen Wismar und Rostock lohnt ein Abstecher nach Güstrow, um dann dort im Kurhaus die einmalig ruhige Lage am Rande der Stadt zu genießen. Die Zimmer und Suiten (fragen Sie nach der Wellness-Suite), die Küche, die Gartenterrasse, die Bar und der Wellness-Bereich machen den Aufenthalt direkt am Inselsee zu einem Vergnügen. Auch für Tagungen, Feste, Hochzeiten geeignet.

Rostock

www.rostock.de   Fon 0381 22 22
Sehenswert: Marienkirche, Rathaus, Universitätsplatz

Hoteltipp: Yachthafenresidenz Hohe Düne   Hohe Düne/Am Yachthafen 1-8
18119 Rostock-Warnemünde   Fon 0381 504 00   www.yhd.de

Schwerin

www.schwerin-tourist.de   Fon 0385 592 52 12
Sehenswert: Schloss- und Burggarten, Schloss, Dom, Staatstheater, Staatliches Museum

Hoteltipp: Hotel Speicher am Ziegelsee   Speicherstraße 11   19055 Schwerin
Fon 0385 500 30   www.speicher-hotel.com

Wismar

www.wismar.de   Fon 03841 251 30 25
Sehenswert: Fürstenhof, Nikolaikirche, Marktplatz

Hoteltipp: Seehotel und Landtherme am Neuklostersee   Seestraße 1   23992 Nakenstorf
Fon 038422 45 70   www.seehotel-neuklostersee.de

KIRCHE UND DENKMAL

Evangelisch-Lutherische Landeskirche Mecklenburg

Büro der Landessynode   Münzstr. 8-10   19055 Schwerin
Fon 0385 51 85 0
www.kirche-mv.de

Katholische Kirche Mecklenburg

Erzbischöfliches Amt Schwerin   Lankower Str. 14-16   19057 Schwerin
Tel.: 0385 48 97 00
www.eba-schwerin.de

Dorfkirchen in Not in Mecklenburg und in Vorpommern e.V.

Ungefähr ein Viertel der rund 1000 Dorfkirchen in Mecklenburg-Vorpommern gilt als substanziell gefährdet. Der Verein möchte das Interesse der Öffentlichkeit auf die Schönheit und Bedeutung, aber auch auf die vielfach katastrophale Lage der Dorfkirchen lenken, um materielle Hilfe aus verschiedenen Quellen zu gewinnen. Der Verein beteiligt sich aus Spendenmitteln an der Finanzierung von Baumaßen zur Sicherung der äußeren Hülle gefährdeter Kirchen und Kapellen und vermittelt Patenschaften. Engagierte Menschen werden vor Ort bei der Gründung von lokalen Fördervereinen und Initiativen unterstützt.
Seit seiner Gründung im Jahr 1995 konnte der Verein bei der Sanierung von mehr als 60 Dorfkirchen mit Summen zwischen 1000 EUR und 200.000 EUR helfen.
Weitere Anstrengungen sind nötig, damit Wahrzeichen einer wechselvollen Kulturgeschichte und liebenswerte Kleinode nicht unwiderruflich verloren gehen.
Spendenkonto 7311 400   BLZ 760 605 61   Acredobank Schwerin
Kontakt: Uwe Sander, Fon 038208 215 oder 0385 56 16 82
www.dorfkirchen.de

Landesamt für Denkmalpflege

Domhof 4/5   19055 Schwerin   Fon 0385 521 40
www.denkmalpflege-mv.de

Deutsche Stiftung Denkmalschutz

Geschäftsstelle   Koblenzer Straße 75   53177 Bonn
Fon 0228 95 73 80
www.denkmalschutz.de

GLOSSAR

Apsis Halbrunder oder polygonaler, von einer Halbkuppel überwölbter und zur Choranlage zählender Raumabschluss

Anna Selbdritt Andachtsbild, bestehend aus der heiligen Anna, ihrer Tochter Maria und dem Jesuskind

Apokalyptische Madonna Die Darstellungen der apokalyptischen Madonna, einer Maria, die auf dem Mond steht, gehen zurück auf die Beschreibung in der Johannesoffenbarung (auch bezeichnet als „Apokalypse", letztes Buch des Neuen Testaments) 12,1 und 2: "Am Himmel sah man jetzt eine gewaltige Erscheinung: eine Frau, die mit der Sonne bekleidet war und den Mond unter ihren Füßen hatte. Auf dem Kopf trug sie eine Krone aus zwölf Sternen. Die Geburt ihres Kindes stand unmittelbar bevor, und sie schrie, weil die Geburtswehen sie quälten..." Die zunehmende Mondsichel war im christlichen Denken Zeichen der unbefleckten Empfängnis. Der Mond an sich ist seit jeher Symbol der Weiblichkeit und Fruchtbarkeit

Architrav Hauptabschluss oberhalb von Pfeilern, Säulen

Arkadenbögen Auf Pfeilern oder Säulen ruhende Mauerbögen (von lat. arcus: Bogen). Arkaden waren schon in vorchristlicher Zeit zur Gliederung von Außenbauten beliebt. Oft dienten sie auch zur Gestaltung der Front einer Vorhalle oder eines Innenhofes

Backsteingotik Norddeutsche Sonderentwicklung innerhalb der europäischen Gotik, gekennzeichnet durch die Übernahme französischer Architekturanregungen

Barock Europäischer Baustil, in Deutschland ca. 1650/1750. Folgt auf die Renaissance. Voluminös, repräsentativ, geprägt von der Symmetrie. Der Raum wird vom Zentrum aus organisiert. Die plastisch ausgearbeiteten Begrenzungen schwingen vor und zurück und verleihen der Architektur starke Bewegung

Basilika Schon in römischer Zeit Bezeichnung für ein repräsentatives Gebäude. Im christlichen Kirchenbau eine Bezeichnung für eine meist große Kirche mit breitem Mittelschiff und kleineren Seitenschiffen. Die Seitenschiffe sind durch Säulen oder Pfeiler vom Mittelschiff getrennt und das Mittelschiff überragt die Seitenschiffe, seine Mauern haben oberhalb der Seitenschiffdächer Fenster

Bohlenbinderdach Besondere, Holz einsparende Dachkonstruktion

Chor Der Chor ist immer im Osten der Kirche gelegen. So kann das Licht der aufgehenden Sonne durch die Chorfenster fallen. Ursprünglich der Platz in der Kirche, an dem die liturgischen Gesänge ausgeführt wurden. Im Chor steht der Hauptaltar

Dachreiter Schlankes Glocken- oder Uhrtürmchen auf dem Dachfirst. Eines der äußeren Kennzeichen der turmlosen Zisterzienserkirchen

Domina Vorsteherin eines Klosters

Domikalgewölbe Kuppelähnliches Gewölbe. Besonders in westfälischen Kirchen, Weiterverbreitung nach Niedersachsen und Mecklenburg

Epitaph Wanddenkmal für einen Verstorbenen

Farbsymbolik Rot und Blau, in starkem Kontrast auftretend, bezeichnen zusammen die Heiligung, die himmlische Liebe. Hochrot ist die Farbe des Feuers und des Heiligen Geistes. Blau bedeutet die göttliche Wahrheit, Festigkeit und Dauer. Gold, besonders auffällig in der rahmenden Scheibe hinter einer Figur, ist das Zeichen für das göttliche Licht. Gold ist vor allem die Farbe der Offenbarung des Heiligen Geistes. Purpur ist die Farbe

des Schöpfers, die Schrift beispielsweise steht im Purpurgrund. Grün, sparsam verwendet, heißt aufgehende Saat, neues Leben aus dem Glauben

FIALE Türmchenartiges gotisches Ziermotiv

FRESKO Wandmalerei. Die Farben werden auf den nassen Kalkputz aufgetragen und binden mit diesen fest ab

FÜNTE Taufbecken (von lateinisch fons:-Quelle)

GLASFENSTER Die Farben der Glasfenster sollen im Mittelalter den Kirchenraum als Vorhalle des Paradieses erscheinen lassen, ihn in ein anderes Licht hüllen als draußen in der Welt

GOTIK Europäischer Baustil, in Deutschland 13. bis 16. Jahrhundert. In die Höhe strebender, filigraner, spitzbogiger Stil. Eine skelettartige Gliederung des Gebäudes ersetzt die massiven romanischen Mauern. Die Schwere der Materie soll aufgehoben werden. Die schlanken Gewölbe werden von Strebepfeilern gestützt, um ihnen mehr Stabilität zu geben.

HALLENKIRCHE Mehrschiffige Kirche, bei der die Schiffe alle annähernd gleich hoch und in der Regel unter einem gemeinsamen Dach vereinigt sind

HAUSTEIN In Steinmetzarbeit behauener Naturstein

KAPELLENKRANZ Den Chor umgebende Kapellenfolge

KAPITELL Haupt eines Pfeilers oder Säule

KATHEDRALE Kirche, die zum Sitz eines Bischofes gehört

KENOTAPH Grabdenkmal ohne Bezug zur eigentlichen Grabstelle

KIRCHENPATRON Stifter einer Kirche bzw. dessen Rechtsnachfolger. Das wichtigste Recht besteht darin, für die Besetzung der Pfarrstelle einen verbindlichen Vorschlag zu machen. Außerdem hatten die Patrone ihren besonderen Sitz oder Stand in der Kirche und wurden meist auch im Inneren der Kirche bestattet. Zu den Pflichten gehörte die Erhaltung

KLASSIZISMUS Europäischer Baustil, in Deutschland 1770 bis 1830

KONVENTUALIN Angehörige einer klösterlichen Gemeinschaft

KRUZIFIX Das Kruzifix ist die Darstellung des Christus am Kreuz. "Der Kruzifixus" dagegen bezeichnet nur die Figur des Gekreuzigten

LANGHAUS Das von West nach Ost verlaufende Kirchenschiff. Der Begriff Langhaus umfasst auch die Seitenschiffe. Quer dazu liegt das Querschiff bzw. Querhaus (kann ebenfalls mehrere Schiffe umfassen)

MANIERISMUS Periode des Übergangs von der Spätrenaissance zum Frühbarock, in Deutschland Ende des 16. Jahrhunderts bis 1620

MASSWERK geometrische, besonders in der Gotik ausgereifte Zierform, z.B. an Fenstern

MÜNSTER Nicht eindeutige, z.B. im mecklenburgischen Bad Doberan gebräuchliche Bezeichnung für die Klosterkirche

NEUGOTIK Aufnahme gotischer Gestaltungselemente in die Baukunst vornehmlich des 19. Jahrhunderts

NEUROMANIK Nachahmung des romanischen Baustils, beliebt im ausgehenden 19. und zu Beginn des 20. Jahrhunderts

OBERGADEN Fensterzone im Hochschiff einer Basilika

OKTOGON Achteck, Symbol für den durch die Taufe neuen Menschen

POLYCHROMIE Vielfarbigkeit

POLYGON Vieleckiger Gebäudekörper

PORTAL Repräsentativer Eingang, dessen Rahmen bildhauerisch gestaltet ist

PREDELLA Der gemalte oder geschnitzte Unterbau eines Altars. Darauf steht der Altaraufsatz, meist mit seitlichen, zuklappbaren Flügeln

RELIQUIE Überrest vom Leichnam oder der Kleidung eines Heiligen. Am jüngsten Tag, so der Glaube, werde der Heilige anwesend sein, der in der Nähe bestattete Tote sich an seinem Skelett festhalten und mit ihm zu Gottes Richtstuhl fliegen. Darum ließ man sich, wenn man Vermögen hatte, in der Kirche bestatten

RENAISSANCE Europäischer Baustil, in Deutschland 16. bis 17. Jahrhundert, folgt zeitlich der Gotik. Formen der Antike werden wieder aufgegriffen. Typisch sind streng gegliederte und symmetrisch verzierte Formen

ROKOKO Höfischer Dekorationsstil der Ausgangsphase des Barock, ca. 1720/70

ROMANIK Europäischer Baustil, in Deutschland 10. bis 12. Jahrhundert, gekennzeichnet u. a. durch runde Fenster- und Portalbögen

SCHIFF Innenraum einer längsgerichteten Kirche mit Unterscheidung in Mittelschiff (Hauptschiff), Seitenschiffe (Nebenschiffe) und das diese durchkreuzende Querschiff (Querhaus)

SGRAFFITO Fassadendekoration in Ritz- oder Kratzputz

SPOLIE In neuem baulichen Zusammenhang wieder verwendetes älteres Bauglied

STREBEPFEILER Senkrecht an der Außenwand angebrachte Stützpfeiler. Strebebögen sind bei den gotischen Basiliken meist oberhalb der Strebepfeiler angebracht und stützen das Mittelschiff

TRIFORIUM Durchfensterter oder blinder Teil des basilikalen Wandaufbaus

TRIUMPHBOGEN Im mittelalterlichen Kirchenbau Transversalbogen zwischen Chor und Schiff

TRIUMPHKREUZ Monumentales Kruzifix, ggf. auf einem Querbalken befindlich und durch Beifügung von Plastiken zur Gruppe erweitert

WINTERKIRCHE Abgetrennter, leicht heizbarer Raum innerhalb der Kirche, der in der kalten Jahresperiode als Andachtsraum dient

Glossar zusammengestellt u.a. nach

Kadatz, Hans Joachim: Wörterbuch der Architektur, Leipzig 1980

Lexikon der Kunst, Bd. 1-7, Leipzig 2004

LITERATUR

Badstübner, Ernst: Kirchen der Mönche. Die Baukunst der Reformorden im Mittelalter, Berlin 1980

Baier, Gerd, H. Ende, B. Oltmanns: Die Bau- und Kunstdenkmale in der DDR. Mecklenburgische Küstenregion, Berlin 1990

Barth, Karl-Heinz: Gotthilf Ludwig Möckel. Ein Beitrag zur Geschichte der deutschen Architektur der zweiten Hälfte des 19. Jahrhunderts, Berlin 2001

Bei der Wieden, Helge, R. Schmidt (Hg.): Handbuch der historischen Stätten Deutschlands, Bd. 12, Mecklenburg-Vorpommern, Stuttgart 1996

Cramer, Johannes, D. Sack (Hg.): Technik des Backsteinbaus im Europa des Mittelalters, Petersburg 2005

Dehio, Georg: Handbuch der deutschen Kunstdenkmäler. Mecklenburg-Vorpommern, München, Berlin 2000

Ende, Horst: Dorfkirchen in Mecklenburg, Berlin 1975

Ders.: Die Stadtkirchen in Mecklenburg, Berlin 1984

Erichsen, Johannes (Hg.): 1000 Jahre Mecklenburg – Geschichte und Kunst einer europäischen Region, Katalog, Rostock 1995

Fründt, Edith: Spätgotische Plastik in Mecklenburg, Dresden 1963

Gloede, Günter: Kirchen im Küstenwind, Berlin 1970

Gretzschel, Matthias: Orgeln in Mecklenburg-Vorpommern: für die Zukunft gerettet, Hamburg 2003

Handbuch der Historischen Stätten Deutschlands, 12. Band, Mecklenburg, Pommern, Stuttgart 1996

Herder Lexikon der Symbole, Freiburg 1979

Hermanns, Ulrich: Mittelalterliche Stadtkirchen Mecklenburgs. Denkmalpflege und Bauwesen im 19. Jahrhundert, Schwerin 1996

Holtz, Gottfried: Kirchen auf dem Lande. Die Dorfkirchen in Mecklenburg, Berlin 1954

Kalbe, Lothar: Die Übersetzerin Dr. phil. h.c. Mathilde Mann und die Manns in Rostock, in: Stier und Greif, Jahrgang 12, Schwerin 2002

Karbe, Wolf, P.-J. Rakow, R. Wendt (Hg.): Ein Jahrtausend Mecklenburg und Vorpommern. Biographie einer norddeutschen Region in Einzeldarstellungen, Rostock 1995

Kiesow, Gottfried, Th. Grundner: Backsteingotik in Mecklenburg-Vorpommern, Rostock 2004

Kuhl, Reinhard: Glasmalereien des 19. Jahrhunderts. Mecklenburg-Vorpommern. Die Kirchen, Leipzig 2001

Landen, Annette: Die mittelalterliche Taufe der Dorfkirche in Neuburg bei Wismar, in: Mecklenburgische Jahrbücher, 114. Jahrgang, 1999

Möller, Hans-Otto et al.: Architekturführer DDR. Bezirk Rostock, Berlin 1978

Pettke, Sabine, Ch. Prowattke: Er predigte unter der Linde - Joachim Slüter, Rostocks Reformator, Rostock 1990

Pocher, Dieter: Schlösser und Herrenhäuser in Mecklenburg-Vorpommern, Hamburg 2005

Reclams Lexikon der Heiligen und der biblischen Gestalten, Stuttgart, 1991

Schlie, Friedrich: Die Kunst- und Geschichts-Denkmäler des Großherzogthums Mecklenburg-Schwerin, Bde. I - V, Schwerin, 1896/98, Nachdruck 1992/93

Schmied, Hartmut: Die Schwarzen Führer, Mecklenburg-Vorpommern, Freiburg 2001

Schmaltz, Karl: Die Kirchenbauten Mecklenburgs, Schwerin 1927
Ders.: Kirchengeschichte Mecklenburgs, Bd. I, Mittelalter, Schwerin 1935
Steusloff, Wolfgang: Kirchen-Schiffsmodelle in Mecklenburg-Vorpommern, Rostock 2002
Topfstedt, Thomas: Städtebau in der DDR 1955-1971, Leipzig 1988

sowie zahlreiche Schriften und Prospekte der Pfarrer und Kirchengemeinden

ABBILDUNGSNACHWEIS

Marcus Stöcklin falls nicht anders angegeben
Thomas Grundner 30 41 58 70 74 83 94 95 146 159 162 170 Titel (2x) Rücktitel
Archiv Dieter Pocher 35

PERSONEN

Aderpul, Thomas 166
Adolf Friedrich 72 165
Albrecht III. 73
Apengeter, Johann 158
Arsenius, Heinrich von 42
Barnekow, Ulrich und Heinrich von 184
Bartelt, Wilhelm 168
Bartning, Otto 48 157
Bassewitz, Bernd v. 124
Bassewitz, Helmut Otto v. 63
Bassewitz, Ludolf v. 151
Bassewitz, Vicke v. 124
Bassewitz, Victor v. 124
Becker, Heinz 43
Behr, Heino 129
Behr, Katharina v. 111
Behr, Samuel v. 72
Behrens, Jochim 116
Berno 10
Bibow, Hardenack von 82
Bincke, Claus 185
Bombowski, Friedrich 28
Borwin I. 96
Brandin, Philipp 26 111
Bruith, Tile 160
Brunward 14
Budda, Konrad von 63
Bülow, Berndt v. 90
Bülow, Hans v. 167
Bülow, Hartwig und Christina v. 175
Bülow, Vicco v. 90
Busch, Carl 132
Busch, Johann Joachim 20 110
Conradt, Johannes 169
Daniel, Georg 64
Demmler, Georg Adolph 72 110
Dermans, Grete 184
Döteber, Franz Julius 72
Dyck, Antonis van 179
Friderich, Jochim 148
Friedrich Franz I. 72 114
Friedrich Franz II. 180
Friedrich Franz III. 79 99
Friedrich-Franz IV. 107
Friese, Carl Friedrich 145
Friese, Friedrich 181
Gildemeister, Daniel Friedrich 169
Gildemeister, Karl 169
Grabow, Vicke v. 114
Großmann-Lauterbach, Brigitte 81
Halberstadt, Elisabeth von 56
Hantelmann, Hans 121 176
Heinen, Albrecht Christoph v. 29
Heinrich Borwin I. 10
Heinrich der Löwe 10
Heinrich I. 72
Heinrich II. 111
Huhnmörder, Joachim v. 115
Hühnmörder, Nicolaus v. 57
Jagdfeld, Anno August 78 79
Jantzen, Stephan 59
Jastram, Jo 38
Johann Albrecht von Mecklenburg 69 73
Johann IV. 73
Kersten, Christian Heinrich 128
Ketelhodt, Gerd v. 136
Ketelhot, Vredeber v. 168
Kliefoth, Theodor 22
Koenigsberg, Rudolf Carl 149
Kohne, Joachim 61
Kortumb, Marcus 86
Koss, Johannes 121
Krosigk, Margreta v. 137
Krüger, Theodor 21 96 109
Kuntze, Luise 184
Lasch, Rudolf 23
Lenthe, Gaston 100 128 133 148
Levezow, Dorothea v. 115
Levezow, Maria v. 57
Lilienfeld, Nikolaus 73
Lisch, Friedrich 22 137
Liskow, Christian 82
Loriot 90
Lübbers, Bernhard 80
Magnus I. 73
Mann, Albertine 45

Mann, August Friedrich 28
Mann, Christine 111
Mann, Johann Siegmund 29
Mann, Ludwig 29
Mannewitz, Lothar 9 38 102 126 142
Margarete von Dänemark 72
Mecklenburg, Gustava Magdalena v. 114
Mecklenburg, Ursula von 111
Mecklenburg-Strelitz, Marie von 183
Mehmel, Friedrich August 116
Meister Bertram von Minden 73
Michaelisbrüder 42
Midow, Claus 26 124
Möckel, Gotthilf Ludwig 8 49 73 76 78 79 99 116
Moltke, Carin 56
Moltke, Gebhard 56
Moltke, Helmuth von 56
Moltke, Johann und Vicke 124
Moltke, Magdalene v. 124
Müller, Ferdinand 92 102
Müller, Willi 103
Murnau, Friedrich Wilhelm 155
Müther, Ulrich 23
Negendanck, Patronatsfamilie v. 169
Neumann, Barbara 152
Niklot 10
Nikolaus von Rostock 69
Noiting, Thideke 56
Obotriten 165
Oertzen, Detlov v. 92
Oertzen, Maria v. 111
Oertzen, Olga v. 111
Oertzen, Vicke v. 84
Ostfriesland, Anna Maria von 72
Piloot, Gerd v. 143
Piloot, Ghert Evert 72
Plessen, Curt Valentin v. 166
Plessen, Daniel v. 137
Plessen, Elisabeth v. 179
Plessen, Henneke v. 174
Plessen, Katharina v. 167
Plothe, Carl-Alfred 52
Preen, Joachim v. 122
Pribislaw 10
Prollius, Adolf v. 127
Ratzeburg, Georg von 166
Reuter, Fritz 184
Ribe, Andreas 38
Ricardis von Schwerin 73
Rohde, Thomas 35
Runge, Hans 36
Schlie, Friedrich 22
Schliemann, Friedrich 177
Schliemann, Heinrich 132 177
Schmidt, Paul 140
Schnitger, Arp 102 121
Schnitzler, Klaus 49
Schulenburg, Fritz-Dietlof v. d. 166
Schulenburg, Tisa Gräfin v. d. 166
Schwansee, Johannes 176
Schwartz, Johann Joachim 151
Severin, Carl Theodor 20 65 66 110
Sibeth, Heinrich 100
Siemens, Werner v. 187
Slüter, Joachim 37
Sophie 160
Stever, Theodor Ernst 84
St. Johannis-Kantorei 48
Stockmann, Rudolf 25
Storm, Johannes 174
Störtebeker, Klaus 73
Stralendorff, Adelheid v. 84
Stralendorff, Sophia v. 174
Suerbehren, Incke 184
Suhrlandt, Rudolph 114
Tisch, Harry 156
Ulenoge, Wilhelm 56
Wegener, Hans 59
Werner, Daniel 72
Wiggers, Ernst Christian 53
Wilde, Johann Friedrich 167 176
Winterfeld, Hedwig von 111
Winzer, Friedrich 151 176
Wolf, Gisbert 22
Wulff, Karl-Ludwig 102

ORTE

Alt Bukow 142
Autobahnkirche Kavelstorf 62
Bäbelin 148
Bad Doberan 69
Bad Sülze 128
Basse 124
Behren-Lübchin 129
Bentwisch 57
Bernsteinmuseum, Deutsches 111
Biendorf 134
Biestow 53
Blankenhagen 102
Boltenhagen 180
Börzow 186
Bössow 174
Buchholz 64
Cammin 120
Christuskirche Rostock 49
Damshagen 175
Dänschenburg 104
Dassow 182
Dettmannsdorf-Kölzow 127
Deutsches Bernsteinmuseum 111
Dierhagen 108
Doberaner Münster 69
Dorf Mecklenburg 165
Dreveskirchen 140
Elmenhorst 178
Evangelische Kapelle Heiligendamm 79
Friedrichshagen 167
Gehlsdorf 51
Gnoien 130
Goldebee 150
Graal-Müritz 107
Gressow 166
Grevesmühlen 181
Hanstorf 92
Heiligen-Geist-Kirche Rostock 47
Heiligen Geist Kirche Wismar 154
Heiligendamm Evangelische Kapelle 79
Heiligendamm Katholische Kapelle 78
Heiligenhagen 90
Hochschule für Musik und Theater 46
Hohen Luckow 63
Hohenkirchen 172
Hornstorf 149
Kalkhorst 176
Karner St. Michael 76
Katholische Kapelle Heiligendamm 78
Kavelstorf 62
Kessin 61
Kirch Mulsow 139
Kirch Mummendorf 185
Kirchdorf auf Poel 143
Klarissenkloster Ribnitz, ehemaliges 111
Klütz 179
Kölzow 127
Kröpelin 133
Kühlungsborn 80
Lichtenhagen 55
Lübow 151
Lübsee 187
Marlow 100
Dorf Mecklenburg 165
Neubukow 132
Neuburg 137
Neue Kirche Wismar 157
Neukloster 145
Parkentin 94
Passee 136
Petschow 122
Poel, Kirchdorf auf 143
Proseken 169
Rerik 82
Rethwisch 86
Retschow 89
Ribnitz Ehemaliges Klarissenkloster 111
Ribnitz St. Marienkirche 110
Roggenstorf 184
Rostock Bentwisch 57
Rostock Biestow 53
Rostock Christuskirche 49
Rostock Gehlsdorf 51
Rostock Heiligen-Geist-Kirche 47
Rostock Lichtenhagen 55
Rostock Schmarl 52

Rostock St. Jakobikirche 35
Rostock St. Katharinenstift 46
Rostock St. Marienkirche 28
Rostock St. Michaeliskirche 42
Rostock St. Nikolaikirche 39
Rostock St. Petrikirche 37
Rostock Toitenwinkel 56
Rostock Universitätskirche 44
Rostock Warnemünde 58
Rövershagen 98
Ruine Satow 96
Sanitz 114
Satow, Ruine 96
Schmarl 52
Schönberg 183
Schwaan 66
St. Georgenkirche Wismar 161
St. Jakobikirche Rostock 35
St. Johanniskirche Rostock 48
St. Katharinenstift Rostock 46
St. Marienkirche Ribnitz 110
St. Marienkirche Rostock 28
St. Marienkirche Wismar 156
St. Michaeliskirche Rostock 42
St. Nikolaikirche Rostock 39
St. Nikolaikirche Wismar 158
St. Paulskirche Schwaan 66
St. Petrikirche Rostock 37
Stäbelow 93
Steffenshagen 87
Tessin 116
Thelkow 118
Thulendorf 115
Toitenwinkel 56
Universitätskirche Rostock 44
Vilz 119
Volkenshagen 99
Walkendorf 126
Warnemünde 58
Weidendom 52
Weitendorf 123
Westenbrügge 135
Wismar Heiligen Geist Kirche 154
Wismar Neue Kirche 157
Wismar St. Georgenkirche 161
Wismar St. Marienkirche 156
Wismar St. Nikolaikirche 158
Wolfsscheune 76
Wustrow 109
Zarnewanz 117
Zurow 152

AUTOREN

MARCUS STÖCKLIN Geboren am 12. April 1963 in New York. Aufgewachsen in Jülich (Rheinland), Jurastudium in Bonn und Münster. 1992-94 führte ihn ein Zeitungs-Volontariat beim Nordkurier (Neubrandenburg) nach Mecklenburg-Vorpommern, danach arbeitete er als Redakteur bei Zeitungen in Anklam, Nürnberg und Bremen. Derzeit ist er Reporter bei der Ostsee-Zeitung in Rostock. Er ist verheiratet und Vater einer Tochter.

DIETER POCHER Dr.med. et phil., geboren 1952, lebt und arbeitet in Güstrow als Facharzt für Allgemeinmedizin in eigener Praxis; Kunsthistoriker, profunder Kenner der norddeutschen Kunst- und Kulturgeschichte.

Alle in diesem Buch enthaltenen Angaben wurden von den Autoren und der Redaktion mit großer Sorgfalt geprüft, zusammengestellt, kontrolliert. Trotzdem kann es in Hinblick auf das Produkthaftungsrecht zu Fehlern kommen. Daher sind alle Angaben ohne Verpflichtung und Garantie der Autoren und des L&H Verlages zu sehen. Eine Verantwortung oder Haftung ist deshalb auszuschließen.

Über Korrekturhinweise und Anregungen freuen wir uns:
L&H Verlag Barnerstr. 14 22765 Hamburg
kontakt@LH-Verlag.de www.LH-Verlag.de

IMPRESSUM

Barnerstraße 14 D-22765 Hamburg
Fon 040 398 34 290 Fax 040 398 34 299
kontakt@LH-Verlag.de www.LH-Verlag.de

TEXTE Marcus Stöcklin, Rostock
Einführung: Dieter Pocher, Güstrow
Service-Teil: L&H Verlag
FOTOS siehe Seite 199
KUNSTHISTORISCHE BERATUNG Dieter Pocher, Güstrow
KOORDINATION, REDAKTION, LEKTORAT UND GESTALTUNG
Wolfgang Henkel und Stefan Seufert, L&H Verlag Hamburg
SATZ Stefan Seufert
PRODUKTION Druckhaus Köthen

FOTOS TITEL und RÜCKTITEL Thomas Grundner
Titel groß: Wismar St. Georgenkirche klein: Parkentin
Rücktitel: Dreveskirchen

Bibliografische Information der Deutschen Bibliothek
Die Deutsche Bibliothek verzeichnet diese Publikation in der Deutschen Nationalbibliografie; detaillierte bibliografische Daten sind im Internet über <http://dnb.ddb.de> abrufbar.

ISBN 3-928119-93-1
1. Auflage 2005

Schlösser und Herrenhäuser

in Mecklenburg-Vorpommern

Ein Kulturreiseführer

von Dieter Pocher

Kunsthistorische Einführung
Über 100 bedeutende Objekte
Viele Karten und Fotos
Wohnen in Schlosshotels
Reiseservice

L&H Verlag

L&H VERLAG

Gesamtprogramm

Berlin/Potsdam/Brandenburg

	Titel	Euro	ISBN 3-928119-
______	Der Invalidenfriedhof	24,80	83-4
______	Berlins unbekannte Kulturdenkmäler/LDA Berlin	16,00	74-5
______	Berliner Museumsführer/SMPK und MD Berlin	16,00	62-1
______	Berliner Museen Kurzführer	ca. 8,00	50-8
______	Spurensuche Berlin/Archäologischer Stadtführer/LDA	8,90	79-6
______	Berlin in 24 Stunden. Der Stadtführer per Bahn & Bus	8,90	80-X
______	Potsdam Kompakt/Der Kulturführer	16,00	66-4
______	Potsdam Grün	4,90	64-8
______	Potsdam in 24 Stunden. Entlang der Bus-Linie 695	8,90	78-8
______	Die Musen tanzen Hand in Hand	12,80	91-5
______	Ein Turm für Albert Einstein/HBPG	17,80	98-2
______	Ein Garten der Erinnerung/Karl Foerster (ab 2006)	19,80	65-6
______	Ferien vom Ach/Karl Foerster	11,80	72-9
______	Warnung und Ermutigung/Karl Foerster	9,80	95-8

______ Postkartenbuch Foerster-Garten und Freundschaftsinsel/25 Postkarten
Abgabepreis Euro 1,90/empf. Vk Euro 2,90 Lieferung nur über den Verlag!

	Titel	Euro	ISBN
______	Über Land – Landschaft & Gärten in Brandenburg	14,80	88-5
______	Kulturatlas Brandenburg/HBPG	16,80	70-2
______	Brandenburg Grün. Historische Gärten und Parks	16,80	82-6
______	Brandenburgs grüne Perlen. Unbekannte Gärten	12,80	92-3

Hamburg

	Titel	Euro	ISBN
______	Hamburg kompakt/Hamburger Museumsführer	11,80	69-9
______	Beatles, Hagenbeck und Schopenhauer	7,80	68-0
______	Hamburg von unten	9,80	73-7
______	Hamburg in 24 Stunden	9,80	94-X
______	Hamburg in 24 hours (engl.)	9,80	97-4

Sachsen/Thüringen/Sachsen-Anhalt

	Titel	Euro	ISBN
______	Fürst Pückler	14,80	99-0
______	Das Gartenreich Dessau-Wörlitz	12,80	89-3
______	Thüringen Grün	14,80	86-9
______	Schauplatz vernünftiger Menschen/Anhalt-Dessau	28,90	3-938608-00-5
______	Ferropolis. Die Stadt aus Eisen	12,80	3-938608-01-3

Niedersachsen/NRW

	Titel	Euro	ISBN
______	Wolfsburg in 24 Stunden	8,90	85-0
______	Kulturrouten Osnabrücker Land, Emsland, Mittelweser	11,80	34-6
______	Kulturrouten Elbe-Weserdreieck, Bremen	11,80	36-2
______	Museumsführer Rheinland-Ruhrgebiet	16,00	60-5

Mecklenburg-Vorpommern/ Pommern

	Titel	Euro	ISBN
______	Schlösser und Herrenhäuser in MVP	16,80	90-7
______	Stolz und Herrlichkeit. Kirchen in Mecklenburg	19,80	93-1
______	Schlösser und Herrenhäuser in Pommern	16,80	96-6

Überregionale Titel

	Titel	Euro	ISBN
______	Gose, Schwarzes, Kombinate. Biere des Ostens	11,80	84-2
______	Die letzte Fahrt. Schiffskatastrophen	24,80	87-7
______	Aphorismen für Führungskräfte	14,80	22-2
______	Wedgwood	(empf. Preis 11,80)	28-1